幼児教育・保育のための
教育方法論

垂見直樹
池田竜介 ｜ 編著

ミネルヴァ書房

は じ め に

　本書は，教職課程の必修科目「教育の方法及び技術」のためのテキストです。特に，幼稚園教諭免許状の取得希望者を対象としており，文部科学省の「教職課程コアカリキュラム」に準拠して構成されています。

　一方で，多くの保育者養成校では，幼稚園教諭免許状と保育士資格の併有を目指す学生が多いと思います。教育方法論で取り扱う内容は，幼稚園教諭だけでなく，保育士として保育所に勤める方にとっても重要です。

　幼児教育・保育の方法についての理解は，保育者は子どもに何を提供すべきなのかという，幼児教育・保育の根幹と密接に関わっています。

　本書を通してみなさんが得るのは，幼児教育・保育の方法に関する理論を含む「知識」です。しかし，知識を得るだけでは保育現場で役に立たないと思います。知識は技術として応用されてこそ，価値を生み出すことができます。また，知識は専門職の専門性を構成する重要な要素でもあります。知識がなければ，目の前にいる子どもたちとどのように関わればよいか，困ることもあるでしょう。しかし，専門的な知識を身につけることで，その場で取るべき選択がみえてくることもあります。

　したがって知識が軽視され，理論のないまま技術の向上だけを追求することは望ましい道ではありません。同時に実践が軽視され，実際の保育にどのように生かすかを自分の中で考えないままに知識を蓄積することもまた好ましくはありません。知識と技術，理論と実践，これらは互いに互いを補い合って初めて効果を発揮するものであり，そのことによって専門性が形成されると信じています。

　学習者のみなさんは，保育現場にこれから入っていく方が多いと思います。それぞれの現場には，すでに「現場の知恵」とでもいうべきものが蓄積されていると思います。みなさんが得た知識が保育現場に持ち込まれ，すでにある「現場の知恵」と融合することで，子どもたちにとってより望ましい保育が生まれるような相互作用を期待しています。

垂見直樹・池田竜介

教職課程コアカリキュラムと本書各章の対照表

全体目標	教育の方法及び技術（情報機器及び教材の活用を含む。）では，これからの社会を担う子供たちに求められる資質・能力を育成するために必要な，教育の方法，教育の技術，情報機器及び教材の活用に関する基礎的な知識・技術を身に付ける。							
一般目標	（1）教育の方法論 これからの社会を担う子供たちに求められる資質・能力を育成するために必要な教育の方法を理解する。				（2）教育の技術 教育の目的に適した指導技術を理解し，身に付ける。		（3）情報機器及び教材の活用 情報機器を活用した効果的な授業や情報活用能力の育成を視野に入れた適切な教材の作成・活用に関する基礎的な能力を身に付ける。	
到達目標 / 本書における章	1）教育方法の基礎的理論と実践を理解している。	2）これからの社会を担う子供たちに求められる資質・能力を育成するための教育方法の在り方（主体的・対話的で深い学びの実現など）を理解している。	3）学級・児童及び生徒・教員・教室・教材など授業・保育を構成する基礎的な要件を理解している。	4）育みたい資質・能力と幼児理解に基づいた評価の基礎的な考え方を理解している。	1）話法・板書など，授業・保育を行う上での基礎的な技術を身に付けている。	2）基礎的な学習指導理論を踏まえて，目標・内容，教材・教具，授業・保育展開，学習形態，評価規準等の視点を含めた学習指導案を作成することができる。	1）子供たちの興味・関心を高めたり学習内容をふりかえったりするために，幼児の体験との関連を考慮しながら情報機器を活用して効果的に教材等を作成・提示することができる。	2）子供たちの情報活用能力（情報モラルを含む）を育成するための指導法を理解している。
第1章	○	○						
第2章	○	○						
第3章		○	○		○			
第4章		○	○		○			
第5章		○	○		○			
第6章		○	○		○			
第7章				○				
第8章		○		○				
第9章				○		○		
第10章			○		○			
第11章				○		○		
第12章					○		○	
第13章								○
第14章		○		○				

目　次

はじめに

第1章　教育方法の基礎理論——原点としてのフレーベル……………………………1

　1　「当たり前」にある幼児教育・保育を考え直すということ……………………1

　2　「子ども」あるいは「子ども期」の発見……………………………3

　3　フレーベルの幼児教育方法……………………………6

　　1．「子どもの庭」としての幼稚園　6

　　2．幼稚園のもう一つの側面——「子ども（たち）にとっての庭」　7

　　3．遊戯，遊び，恩物　9

　4　現代の教育方法に向けて……………………………11

第2章　日本の幼児教育方法の歴史……………………………13

　1　前近代の社会と子育て……………………………13

　　1．幼児観の変化　13

　　2．子育て書の登場　14

　　3．『和俗童子訓』にみる近世の幼児教育法　15

　2　幼稚園の誕生と初期の幼児教育実践……………………………16

　　1．幼稚園の誕生　16

　　2．恩物中心の幼児教育　17

　3　幼児教育実践の展開……………………………18

　　1．幼稚園批判の高まり　18

　　2．恩物中心保育からの脱却　19

　　3．幼稚園教育における"自由遊び"の位置　20

第3章　環境を通して行う教育……………………………23

　1　方法としての「環境を通して行う教育」……………………………23

　　1．環境を通して行う教育とは　23

　　2．子どもにとって必要な体験　24

　　3．環境を通して行う教育における保育者　25

　2　環境構成の視点……………………………26

　　1．「環境」について　26

　　2．環境構成の基本　28

　　　3．環境構成の実際　28

　　3　保育者の関わり………………………………………………………………29

　　　1．子どもを権利主体として捉える　30

　　　2．肯定的に関わる　30

　　　3．一緒に活動する　31

第4章　子どもの育ちと物的環境………………………………………………33

　　1　「学び」＝「物事の捉え方」を豊かにする…………………………………33

　　　1．「知識を得ること」と「物事の捉え方」の関係　33

　　　2．「環境と関わること」と「物事の捉え方」の関係　35

　　2　アフォーダンスとシグニファイア……………………………………………37

　　　1．そもそも環境とは何か　37

　　　2．子どもの経験を理解するために――アフォーダンス　38

　　　3．環境との関わり方を示すために――シグニファイア　40

　　3　「環境と出会わせようとすること」と「子どもから学ぶということ」………42

第5章　子どもの育ちと人的環境………………………………………………45

　　1　子どものコミュニケーション能力……………………………………………45

　　　1．自分と他者　45

　　　2．イメージする力　46

　　2　人的環境としての子ども……………………………………………………47

　　　1．共有されるイメージ　47

　　　2．子どもの常識　48

　　　3．子どもの文化　50

　　3　人的環境としての保育者……………………………………………………51

　　　1．子どもの文化をつくる担い手　51

　　　2．子どもの文化と大人の社会の橋渡し　53

　　　3．遊ぶ保育者　54

第6章　子どもの育ちと社会的環境……………………………………………56

　　1　社会的環境の重要性…………………………………………………………56

　　2　地域社会と子どもの育ち……………………………………………………57

　　　1．子どもの学びに関する地域社会の位置づけ　57

　　　2．参加を通した学習のあり方　58

　　　3．子どもを取り巻く課題　59

　　　4．子どもの育ちに対する地域社会の意味　60

3　地域社会に根づく民衆カリキュラム････････････････････････････60

　　1．伝統的な地域社会における育ちのためのシステム　61

　　2．様々な伝統行事　62

　　3．事例の紹介──「さげもん」習俗など　62

　　4．伝統行事のもつ意味　64

4　保育者と伝統行事･･66

　　1．連携の重要性　66

　　2．保育者の役割　67

第7章　幼児期の終わりまでに育ってほしい姿と教育課程････････････70

1　「生きる力」とカリキュラム・マネジメント･･･････････････････70

　　1．「生きる力」を育む学校教育へ　70

　　2．カリキュラム・マネジメント　72

2　幼稚園の教育課程と幼児期の終わりまでに育ってほしい姿･････74

　　1．幼稚園教育の特徴　74

　　2．資質・能力と幼児期の終わりまでに育ってほしい姿　75

　　3．幼稚園から小学校への接続　76

第8章　「主体的・対話的で深い学び」と教育方法の関係･･････････････79

1　「主体的・対話的で深い学び」という概念･････････････････････79

　　1．「アクティブ・ラーニング」の登場　79

　　2．「アクティブ・ラーニング」の視点と「生きる力」　80

　　3．「主体的・対話的で深い学び」の誕生　82

2　「主体的・対話的で深い学び」とは･･･････････････････････････････84

　　1．主体的とは　84

　　2．対話的とは　85

　　3．深い学びとは　86

3　幼稚園教育と「主体的・対話的で深い学び」･･･････････････････87

　　1．総合的にすすむ「主体的・対話的で深い学び」　87

　　2．幼稚園教育での「主体的・対話的で深い学び」とは　88

第9章　幼児理解に基づいた評価･･･････････････････････････････････91

1　「幼児理解に基づいた評価」の基本的な考え方･･･････････････91

　　1．幼稚園教育要領における「幼児理解に基づいた評価」　91

　　2．指導要録の作成と「幼児理解に基づいた評価」の関係性　92

　　3．幼児理解の基本的な考え方　95

　　4．保育における評価の基本的な考え方　95

2 「幼児理解に基づいた評価」の方法 ………………………………………………………… 95

　1．幼児理解の手がかり　96

　2．妥当性と信頼性を高めるための工夫　100

3 記録の活用 ………………………………………………………………………………………… 101

　1．記録の意義と活用方法　101

　2．記録の活用事例――幼児理解の方法としての「エピソード記述」　102

第10章　幼児教育・保育における遊び ……………………………………………………… 104

1 幼稚園教育要領における遊び ……………………………………………………………… 104

　1．自発的な活動としての遊び　104

　2．遊びを通しての総合的な指導　105

2 「遊び＝学び」について考える ……………………………………………………………… 106

　1．遊びをめぐる「困難」　106

　2．「遊び＝学び」論の再検討　107

　3．遊びの多様性　108

3 豊かな遊びと学びを支える条件 ………………………………………………………… 109

第11章　幼児教育・保育における計画と評価 ……………………………………… 112

1 保育の質の維持と向上を図るために …………………………………………………… 112

　1．カリキュラム・マネジメントの必要性　112

　2．カリキュラム・マネジメントを進めるポイント　113

　3．カリキュラム・マネジメントを進める上での保育者の姿勢　114

2 幼児教育・保育の計画 ……………………………………………………………………… 115

　1．幼児教育・保育における計画がなぜ必要なのか　115

　2．全体的な計画　116

　3．指導計画　116

　4．指導計画作成に不可欠な要素　118

3 保育における評価 …………………………………………………………………………… 118

　1．保育における評価がなぜ必要なのか　118

　2．子ども理解に基づいた評価の実施　118

　3．記録の重要性　119

4 指導計画の評価の実際 ……………………………………………………………………… 120

　1．指導案の評価・改善の試み　120

　2．人との関わりの育ちに関しての省察・評価　120

　3．指導案の改善　121

第12章　幼児教育・保育における情報機器（ICT）の活用 ……………………………… 126

　1　幼稚園・保育所における ICT の普及 ………………………………………… 126
　　1．幼児教育・保育における ICT とは　126
　　2．幼児教育・保育における ICT の普及　127

　2　幼児教育・保育実践を支援するための ICT 活用 …………………………… 128
　　1．幼児教育・保育の中の ICT 活用の位置づけ　128
　　2．保育環境の一つとしての ICT　129
　　3．幼児教育・保育実践における ICT 活用の課題　133

　3　園務を効率的に処理するための ICT 活用 …………………………………… 134
　　1．園務の効率化　134
　　2．園務の ICT 化の懸念　135

第13章　情報活用能力と幼児教育・保育 ……………………………………………… 138

　1　情報活用能力の考え方 ………………………………………………………… 138
　　1．情報活用能力の必要性　138
　　2．情報活用能力の定義　139
　　3．情報活用能力の構成要素　139
　　4．幼児教育・保育での情報活用能力　142

　2　情報活用能力を育む指導 ……………………………………………………… 142
　　1．情報教育の体系　142
　　2．子どもたちのまわりにあふれる情報機器　143
　　3．幼児教育・保育段階での情報活用　146

　3　幼児教育・保育の具体的なあり方と保育者自身に求められる情報活用能力の向上 …… 147
　　1．情報活用能力向上へ向けた幼児教育・保育のあり方　147
　　2．保育者自身の情報活用能力向上　148

第14章　幼児教育・保育のこれから …………………………………………………… 150

　1　子どもたちに求められる力 …………………………………………………… 150
　　1．エージェンシー（主体性）　150
　　2．非認知能力（非認知スキル）　151

　2　日本の幼児教育・保育の特徴——国際比較から ………………………………… 153

　3　「保育の質」を高めるために ………………………………………………… 155
　　1．「保育の質」の背景　155
　　2．「保育の質」と教育方法　156
　　3．「保育の質」と専門性　156

索　引　159

第1章
教育方法の基礎理論
——原点としてのフレーベル——

　本章は，現代的な幼児教育・保育を作り出したことで有名なフレーベルの思想と教育方法を学ぶことをねらいとしています。もちろん，フレーベルが生きた19世紀と今とでは，社会は大きく異なっているはずです。しかしながら，フレーベルの思想に始まる幼稚園教育は，今日の日本にも大きな影響を与えています。これから保育者を目指していくためにも，現代の幼児教育・保育の原点ともいえるフレーベルの思想と実践を押さえていきましょう。

1 「当たり前」にある幼児教育・保育を考え直すということ

　たとえば，日曜日の昼下がりに公園に出かけてみましょう。そこには，父母に見守られながら敷地を駆け巡る子どもや，種々多様な遊具で想い想いに遊ぶ子どもが，当たり前のようにいます。平日の日中に街を散歩してみましょう。街の一角から大勢の子どもの声が聞こえてくるでしょう。その声のする方に目をやると，幼稚園や保育所が建っています。このように「子ども」も，そしてその「子ども」の通う幼稚園や保育所といった施設も，私たちが生きている日常世界に「当たり前」ながらに，それでも確かな形で配備されています。私たちが生きている日常は，このような，ふと思い返したときに認めることができるような「当たり前」なモノたちによって支えられているのです。

　しかし，少し視線をずらして，この「当たり前」なことについて考えてみましょう。試みに，現代の流行の最前線といえる東京の現代から2〜3世紀ほど遡った様子を想像してみましょう。その町に飛び交う言葉は「てやんでい」「べらぼうめ」「このすっとこどっこい！」などの江戸っ子の言葉で，そこに洗練された様子はみられません。また，そんな時代の町には，上で確認したような幼稚園や保育所はおろか小中学校もなく，大人たちが働いている仕事場で体格差のある大人と一緒に働く子どもたちの姿を確認できるでしょう。なぜなら，私たちが「当たり前」に経験してきた学校教育とは，1872（明治5）年に学制が発布され，そのときから徐々に整備されたものだからです。こうして，時代を少し振り返るだけで，この「当たり前」は途端に崩されてしまうほど脆いもの

でもあります。

　幼児教育・保育や「子ども」という存在についても同様です。私たちは，ほんの十数年ほど前には「子ども」でした。そして，「子ども」であった私たちの多くは，生後数年もすると，自分たちが馴染んだ家から離れ幼稚園や保育所に通い，学齢期に達すると小学校に通い始めたはずです。しかし，上でも想像してみたとおり，21世紀という時代から2，3世紀ほど遡ってみると，その時代の世界には幼稚園や保育所といった施設も珍しかったので，その施設に通わなければならないと考えられる「子ども」である時期（以下，この時期のことを「子ども期」と表記）も，そもそも存在しなかったのです。こうした，大人とは厳密に区別される「子ども期」や「子ども」が通う学校も，そして幼稚園や保育所もまた，歴史的・社会的に作り出されたものなのです。

　話を幼児教育・保育に絞っていきましょう。では，私たちの多くが通っていた幼稚園や保育所は，いつ，どのような人たちの手によって作られたのでしょうか。そして，あの幼稚園や保育所で先生たちがしてくれた教育や保育の方法とは，いつ，誰が考えたのでしょうか。こうした疑問をもったとき，重要になってくるのが，本章で中心的に学んでいくフレーベルです。正しくは，フリードリッヒ・ヴィルヘルム・アウグスト・フレーベル（Friedrich Wilhelm August Fröbel），彼は1782年，ドイツ中部に生まれた，保育史上きわめて重要な人物です。フレーベルの重要性について，その結論を先取りしていえば，幼稚園を世界で最初に作り出した人物であるということに尽きます。もちろん，幼児を対象とした教育機関は，フレーベルの活躍を待たずに確認できます。たとえば，フランスでは1770年にオーベルラン（Johann Georg Oberlin）が，イギリスでは1816年にオーエン（Robert Owen）が幼児教育のための施設を作っています。しかしながら，こうした施設に対しては「幼児学校」という名前がつけられ，それらの施設のねらいは，あくまでも貧民救済のために幼児にも仕事にまつわるような知識や技術を身につけさせる，という職業教育につながるものであったのです。

　私たちは，オーベルランやオーエンが考えた職業教育に結びついた幼児教育を経験していません。フレーベルの功績は，職業教育を行うのではなく，幼児に適した学習のあり方を模索し，そのための場所として幼稚園を作り出したことにあると思われます。

　このフレーベルの偉業の重要性をより際立たせるために，次の第2節では，「子ども期」の発見という出来事を紹介していきます。この出来事を語らずして，フレーベルの偉業，そしてその中で確認することとな

るフレーベルの編み出した教育の方法の重要性は明確にならないと思うからです。その上で，第3節以降では，フレーベルの教育方法について紹介していきます。

　もちろん，フレーベルが生きた19世紀と今とでは，社会はずいぶんと変わっています。しかしながら，フレーベルの思想に始まる幼稚園教育は，今日の日本にも大きな影響を与えています。その影響は，現代の幼稚園教育要領や保育所保育指針に確認することができるのです。そのため，現代の幼児教育・保育の原点ともいえるフレーベルの思想と実践を押さえていきましょう。

２　「子ども」あるいは「子ども期」の発見

　本節では，はじめにみてきたように，私たちが当たり前のように経験してきた「子ども期」が発見されるという，保育史上の一大イベントについて確認していきます。

　しかし，ここで「子ども期」が発見されると表現しましたが，たとえば本章冒頭で確認した数世紀前の社会には，成長しきった背丈の高い大人だけが存在しており，突如として小さな人間である「子ども」が自然発生した，ということがいいたいわけではありません。人間のライフサイクルを想定したときに，「大人」と厳密に区別された独自の段階である「子ども期」と呼ばれるものは，歴史的・社会的に作られてきたということを指摘したいのです。後述しますが，生後間もない赤ちゃんや幼児が，単に身体的に未成熟なだけではなく，生まれてから死ぬまでの人間のライフサイクルの中で，もっと特別な意味をもたせるべき時期なのだという気づきが，歴史的・社会的に成立したものであることをここではみていくことになります。

　社会史家である F. アリエス（Ariès, F.）は，『〈子供〉の誕生』という著作の中で，16世紀から17世紀前半まで（以後，この時代を中世と表記）のヨーロッパの絵画における子どもの描かれ方に着目します。図1-1をみてみましょう。17世紀前半に書かれた家族の肖像ですが，子どもの表情も服装も大人とほとんど一緒で，そこに愛くるしい存在としての「子ども」は見当たりません。アリエスは，このように，子どもが大人の服装と特徴を備えた小柄な「小さな大人」として描かれていることに着目します。この時代には，子どもは絵画の中で小さな人間として描かれただけでなく，社会の中で身体が未成熟なだけで，ほとんど全く大人と同じように扱われ，安価な労働力として利用され，大人とともに労働

図1-1　17世紀前半の家族の肖像
「妻の死の床に臨むサー・トーマス・アシュトン」

出典：アニタ・ショルシュ／北本正章訳（1992）『絵でよむ子どもの社会史——ヨーロッパとアメリカ・中世から近代へ』新曜社，39頁。

に従事していたのです。さらにこの時代では，出生後間もない子どもを殺してしまう嬰児殺しは，人口調整のため非公式ながら容認されていましたし，児童遺棄も日常的な慣習として成り立っていました。このように，アリエスが最初に関心を向けた中世の時期に，社会に生きる人々は，生まれたばかりの幼い子どもに対し特別な配慮を向けることもなく，無関心な態度で接していたのです。

　こうした16世紀の社会を説明した上で，アリエスは17世紀頃を境にして，少しずつ幼い子どもに対する特別な配慮がみられるようになったと述べます。そしてそれは特に裕福な家庭の中でみられました。アリエスはこのことについて「（その，子供の：引用者補足）可愛らしさ，単純さ，おどけたしぐさのゆえに，大人にとって楽しみと休息の源となった」（Ariés, 1962=1980：129）と述べています。可愛らしく，単純な存在である子ども。こうした子どもに対する新しい認識が，17世紀において，社会の中に少しずつ育まれていったのです。さらに，この子どもに対する新しい認識の特徴は，無垢，そして依存である，とアリエスは指摘しています。

　　無垢な子供という観念は，子供期に対する二つの態度と行動を結果としてもたらした。一つは，生活，とりわけ大人の間で是認されはしないまでも許されている性愛による汚染から子供を保護すること。もう一つは，性格と理性を発展させ子供を強くすることである。

（Ariés, 1962=1980：119）

　17世紀に裕福な家庭で発見された「子ども期」は，当時の社会にどのような影響を与えていくのでしょうか。このことについては，2点ほど示すことができます。「子ども」は，第一に無垢なものとみなされるようになりました。だからこそ，大人と同じように働いたり，過酷な環境

に投げ出されるべき存在ではないと思われるようになったのです。その
ため，「子ども」は，大人が直接的に経験している社会的な刺激から守
られるよう「保護」されなければならない，と考えられるようになった
といえます。そして第二に，「子ども」は保護されなければならない弱
い存在ですが，いずれ大人の社会で生きていかなければなりません。だ
からこそ「子ども」は，「性格と理性を発展させ」ていかなければなら
ないものだ，とも捉えられるようになりました。

　これらについて，エンペイ（Empey, L.T.）という社会学者は，以下の
ように指摘しています。「身体的にもまた道徳的にも厳しく保護されね
ばならず，注意深く組織立てられた特別の教育を受けなければならない
のであり，長年にわたる準備期間を経て初めて，大人となる準備が適切
に整えられたことになる」（Empey, 1978：50-51）。このように，身体
的・道徳的な側面においてもまだ大人になっていない存在として，裏を
返せば，大人になるべき存在として，「子ども」は位置づけられていき
ます。

　こうして私たちにとって馴染み深い「子ども期」が，その特徴ととも
に発見されていきます。アリエスやエンペイの言葉にあるような17世紀
以後に成立していった「子ども」に対する認識は，今でこそ当たり前の
ものに思えます。しかし，何度も強調しますが，これはこの時代になっ
てようやく成立したのであり，「子ども期」とは決して当たり前なもの
ではなかったのです。人間のライフサイクル上，大人と厳密に区別され，
特別に配慮しなければならない「子ども期」の成立は，このように少し
ずつ生じていったのです。

　話を教育・保育に戻していきましょう。こうして，身体的・道徳的に
未成熟なだけではなく，愛くるしく，守られながら成長していかなけれ
ばならない「子ども」は，「大人として認められる前に，ある特別な処
置，一種の（社会からの：引用者補足）隔離を受けなければならない」
（Ariés, 1962=1980：412）とされてきます。その「特別な処置」こそ，今
でこそ当たり前になっている「教育」であり，その社会から隔離された
ところこそ，「学校」です。17〜18世紀以降，社会は「子ども期」にあ
る幼い存在のため，教育のための場，保護のための場として「学校」を
整備していくこととなります。

　この世に生まれてすぐ大人と一緒に社会で働くのではなく，「学校」
という社会から離れた空間で「保護」されながら，大人になるための
「教育」によって成長を支援されなければならない時期，それこそが，
17世紀以後の社会に，未成熟な小さな存在に用意された，特別な「子ど

も期」に他なりません。

　そして，17世紀頃においては，子どもはまだ裕福な家庭でしか特別な配慮が必要だと思われていなかったのですが，第3節で学んでいくフレーベルが活躍した19世紀になると，一般的な家庭においても，子どもは愛くるしく，守ってあげながら大切に育てていかないといけない存在としてみなされるに至るのです。

　このことを確認した上で，次節では，この特別な「子ども期」において，ことさらに保育の重要性を指摘したフレーベルの考案した幼児教育の方法についてみていくことにしましょう。

3　フレーベルの幼児教育方法

　本節では，幼児教育・保育の分野で重要視される人物，フレーベル（図1-2）について学んでいきます。まず，フレーベルの考え方をかいつまんでみていきましょう。フレーベルにとっては，「子ども期」の中でも，その初期にあたる幼児の頃は，特に特別に扱わなければならない時期となります。これは，最初にみたような「幼児学校」ではなく「幼稚園」という特別な枠組みを用意した姿勢から，すでに指摘したことです。

図1-2　フレーベルの肖像画
出典：フレーベル／新井武訳（1964）
　　　『人間の教育（上）』岩波書店。

1．「子どもの庭」としての幼稚園

　この幼児期の「子ども」が「保護」（第2節を参照のこと）されるべき場所として配備されていったものが，フレーベルによって創始された「幼稚園（Kindergarten）」です。ところで，このKindergartenとは，ドイツ語で「子ども（たち）」を意味するkinderと，「庭」を意味するgartenという2つの単語から成り立つ，フレーベルによって作られた造語です。そのため，直訳するなら「子ども（たち）の庭」となります[1]。

　この「子どもの庭」においては，幼児は庭園に植えられた植物に，教育者・保育者は庭師や農夫にたとえられています。このようなメタファーの中で，幼児はこの庭において，大切に育てられるべきものだと想定されることとなります。このことについて，フレーベルは次のように述べています。

▷1　ちなみに，現代の幼稚園において，外の遊び場のことを園庭と呼ぶ。小学校以上でも，校庭という表現はあるが，この場合，グラウンドや運動場といった表現も一般的に用いられる。しかしながら，幼稚園で園庭がグラウンド・運動場を指すことはあまりなく，このことからも幼稚園教育における「子どもの庭」を考案したフレーベル思想の影響は強いことがわかるだろう。

かの庭師や農夫が，彼らの作物を自然との全面的な関連において完成させ，あらゆる要求に応じて育てているのと同じような方法で，子どもや人間を，その本性，その内的法則に忠実にしたがい，生命や自然との濁りなき融合において，一切の生命の根源と絶えざる融合において観察し，発達させ，そして教育し統治するように，われわれが努力することによってである。　　　　　　　　　　　（フレーベル，1981：34）

　この一文を理解するためには，その前提として，フレーベルのもっていた人間観を把握しなければなりません。

　まず，フレーベルは厳格なキリスト教信者でした。そしてフレーベルはキリスト教の思想を出発点としながら，自分自身の思想を形作っていくのです。そのフレーベル独自の思想の中では，人間を含むこの世に存在するあらゆるもの一切が，神によって作られたものだと考えられていきます。そして，人間とは，その神性が人の形として成立したものでもあります。さらに，子どもは生まれながらに，その内面に神性が宿ったものと考えられています。この内面に宿った神性とは，先ほどのフレーベルの引用にあった「内的法則」の言い換えと理解できます。そして，教育者や親は，その「内的法則」にしたがいながら教育を施していかないといけない，フレーベルはそのように考えたのです。

　こうしたフレーベルの思想の革新性は，第1節で確認したオーベルランやオーエンとの対比ではっきりするはずです。なぜなら，オーベルランとオーエンが用意した幼児学校で行われた教育は，産業革命期の社会に即した職業教育に基づいており，その理念はどこまでも大人の社会からの要請に応えるものでしかありません。

　それに対しフレーベルは，子どもはすでに幼児の段階から大人になるための源をもっているのであり，子どもに教育を行う大人は，それを正確に見定め，必要な「養分」を与えないといけないと考えました。つまりフレーベルは，オーエンたちとは違い，教育の必要性は子どもたちの中にあるものだと説き，子どものための教育をすべきであると強調したのです。そして，幼稚園とは，そのための場所として設立されたものに他なりません。「子ども（たち）の庭」とは，「子ども（たち）のための庭」なのです。

2．幼稚園のもう一つの側面──「子ども（たち）にとっての庭」

　以上が，子どもの成長を支える庭である，フレーベルが構想した当時の幼稚園の基礎的な内容です。しかし，実は，「子ども（たち）の庭」

という言葉を考えていくと，そこには子どもの成長を支えていくための
もう一つの役割がみえてきます。このことを学ぶために，視点を子ども
の方に移していきましょう。

　子どもは感覚器官や身体が発達し始めた幼児期において，「内的なも
のを，外部に，自発的に，表現し始めよう」（フレーベル，1964：66）と
します。この内的なものの表現を，フレーベルは「自己を外部に知らせ
る，ないし告げ知らせる」と言い換えていきます。この重要性をフレー
ベルは次のようにまとめています。子どもは，「幼児期の段階，すなわ
ち内的なものを，外的なものにおいて，また外的なものを通して，目に
見えるものにし，さらに両者の合一を，両者を統合する統一を，求め」
（フレーベル，1964：67）るのです。

　なぜ，内的なものと外的なものの統一を求める必要があるのでしょう
か。それは，フレーベルにとって人間の成長とは，この合一が達成され
ることで成立するものとして考えられているからです。そして，すでに
述べたように，外的な自然もまた神によって作られたものであり，人間
も神によって作られたものであり，人の形をした被造物である人間は，
より神に近づくために，外的な自然に散りばめられた神性を知っていか
なければなりません。しかしながら，感覚器官を備えたばかりの乳幼児
は，自然やその自然を構成するものの意味もわからない状態です。その
ため，人は外界を探索し，その意味を理解することで，内面との合一を
していかなければなりません。幼児は大人になっていくために，外界と
内面の「両者の合一」を目指さなければならない，とフレーベルは考え
たのです。

　このように，「両者の合一」が始まる時期である幼児期は，「子ども
期」の中でも，教育者は一層の注意を払いながら教育をしていかなけれ
ばならない時期として位置づけられていくのです。幼稚園とは，幼児期
の子どもが自然の秩序を適切に把握するために探索する最初の外的環境
として用意されたものに他なりません。

　幼児が自然環境を探索し，内面と外界の合一を行っていくことを支え
る幼稚園。そこに幼稚園が「子ども（たち）の庭」といわれる，別の意
味を見出すことができます。幼児期の子どもは，「子ども（たち）の庭」
において，「自分自身の庭を造ること，特になんらかの収穫をあげるた
めに庭造り」（フレーベル，1964：145）をするように促されます。すでに
フレーベルの言葉から確認したように，フレーベルにおいて幼児は植物
としてたとえられるものでした。フレーベルは，幼児に植物を育てさせ
ることによって，自分自身が成長していくプロセスを追体験させ，内面

と外界の統一を可能にする経験を促したのです。幼児は，植物を育てることを通じて植物のもつ神性に触れ，よりよい発達が促されていくと考えられていたのです。「子ども（たち）の庭」とは，「子ども（たち）のための庭」というだけではなく，「子ども（たち）にとっての庭」でもあるのです。このように，フレーベルは，「子ども（たち）にとっての庭」の中で，幼児の自発性を尊重した教育を同時に構想していたといえるでしょう。この幼児の自発性を尊重するという考え方は，現代の幼児教育・保育でも重要な視点ですので，本章より後の学習でも忘れないようにしましょう。

3．遊戯，遊び，恩物

　もちろん，フレーベルが用意した幼児のための庭において，幼児は農作業だけを行っていたわけではありません。上にも述べたように，幼児は身体の成熟が果たされてから，内面を外界へと表現していきます。この表現の最も典型的なものは，遊戯として理解できるものだと思います。幼児の発達を支える重要な営みとしての遊戯について，フレーベルの考えとともに確認しましょう。

　この遊び，遊戯という言葉の意味は，しっかりと押さえなければなりません。この遊戯とは，息抜きに行うような気楽なものではなく，幼児が発達していく上で，最も重要な営みなのです。フレーベルにとって，幼児の成長や発達において，遊戯，遊ぶことは，ことさらに重要なものだったのです。「遊戯することないし遊戯は，幼児の発達つまりこの時期の人間の発達の最高の段階である。（中略）遊戯とは（中略）内なるものの自由な表現，すなわち内なるものそのものの必要と要求に基づくところの，内なるものの表現に他ならない」（フレーベル，1964：71）のです。このように，幼児は，自らの身体を最大限に活用しながら，外界に自分自身の「内なるものの表現」をしながら発達していくのです。

　ここで，幼児の行う遊戯に関する重要な点を指摘しておきましょう。幼児は遊戯，遊ぶことを通じて外界と関わります。ところで，この外界との関わりには種々のメディア（媒介物）が必要になります。たとえば，私たちは，自分の思っていること（内面）を友だち（外界）に伝えるために言葉を用います。このとき，言葉は自分（内面）と友だち（外界）を結びつけるメディア（媒介物）として理解できます。しかしながら，幼児は，大人のように様々な言葉や文字を使って外界とつながることが難しい存在です。そうした幼児が，外界と関わるときに活用するものは何でしょうか。それは，遊具です。フレーベルは，幼児が遊戯の際に用

▷2　このように，大人によって子どもに押しつけるのではなく，子どもたちに一定の自由を与えるような教育の仕方を，専門的な用語では「消極教育」という。「消極教育」においては，教育者は子どもに対し積極的な教育的介入は行わず，子どもの教育に適した環境の整備を中心に行っていく。この「消極教育」という考え方は，フランスの思想家であるJ.-J.ルソー（Jean-Jacques Rousseau）によって示されたのだが，本章で検討したフレーベルの思想は，このルソーの考え方から強い影響を受けていたといわれている。

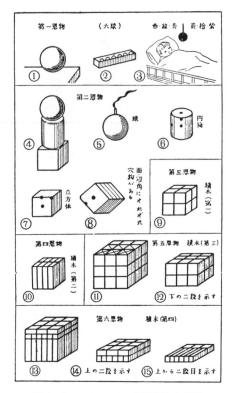

図1-3　フレーベルが構想した恩物
出典：津守真・久保いと・本田和子（1959）『幼稚園の歴史』恒星社厚生閣，99頁。

いる遊具を発明しており，それを恩物といいます。

　フレーベルの開発した幼児教育方法の中でとても重要なものが，この恩物を用いた教育方法になります。子どもは，環境の中で様々な人，モノなどから影響を受けて成長していきますが，フレーベルにとって，子どもの成長や発達とは，恩物を使って遊ぶという自己表現を通じてこそ適切に行われるものだったのです。

　では，この恩物とはどのようなものなのか，かいつまんでみていくことにしましょう。日本語に訳されると恩物ですが，この言葉の原語は，Gabe といいます。Gabe は，神により人間に与えられた事物・遊具といった意味をもっています。このように，恩物とは単に遊具として幼児に与えられていたのではなく，幼児と神，神性とをつなぐためのメディア（媒介するもの）としての意味を強くもっていたのです。

　フレーベルの作成した恩物は，木製の球，円柱，立方体などの形をした遊具です（具体的には図1-3を見ることでイメージできると思います）。球体や立方体といった積み木のようなものは，単純でありながら自然界の秩序を表すものとして幼児に与えられ，その恩物を使って想い想いに遊ぶことで，自然界の秩序を学ぶことが期待されたものです。第一恩物から第二十恩物まで作られた恩物は，幼児の精神的，身体的発達の度合いに応じて与えられ，幼児はこの恩物を応用して遊ぶことを通じて発達していきます。このように，恩物は幼児と外界をつなぎ，少しずつ外界に成立している秩序を理解することを促すメディアとして，幼児の教育を支えていったのです。

4　現代の教育方法に向けて

　フレーベルの思想と実践によって結実した「子ども（たち）の庭」で，幼児は自然環境に触れ，適切に与えられる恩物を用いながら遊び，外界の秩序を理解することで，合自然的な発達を遂げていくこととなります。こうしたフレーベルの思想は，たとえば「神」や「神性」といった言葉とともに理解しなければならないため，現代的，またはキリスト教的な神と比較的に馴染みの薄い私たちからするとやや縁遠いものであると思われるでしょう。

　しかし，フレーベルの思想と実践は，現代の幼児教育・保育に脈々と受け継がれています。まず，フレーベルは，神から与えられた遊具である恩物をただ子どもに与えさえすればよいと考えていたわけではありません。フレーベルの立ち上げた幼稚園には「保母たちと教育者たちの育成のための施設」（乙訓，2005：144-145）が併設されました。この保育者育成の施設も同時に作り上げた姿勢からも，保育における十分な教育力をもった保育者の必要性を痛烈に感じていたフレーベルの姿がみえてくるはずです。教育力をもった保育者は，それぞれの幼児の発達に見合った恩物や「養分」を幼稚園の中に配置することで，様々な特性をもった子どもたちの発達を支えていくのです。このように，現代で当たり前になっている保育者養成についても視野に入れたフレーベルの仕事の意義は大きいはずです。

▷4　保育におけるモノの配置の重要性については第4章の物的環境の説明の中で学んでいく。

　また，現代の幼稚園教育の法的根拠になっている幼稚園教育要領にも，フレーベルの思想からの影響を確認することができます。たとえば幼稚園教育要領「第2章　ねらい及び内容」において「環境」と題された箇所に目を通してみると，その具体的内容として「(1)　自然に触れて生活し，その大きさ，美しさ，不思議さなどに気付く」「(5)　身近な動植物に親しみをもって接し，生命の尊さに気付き，いたわったり，大切にしたりする」など，「子ども（たち）にとっての庭」においてフレーベルが実践させていた自然環境とのふれあいが，今なお幼児教育・保育において重要になっていることを垣間みることができます。また，恩物を用いた遊戯についても同様です。同じ「環境」の項目において，具体的な内容として「(8)　身近な物や遊具に興味をもって関わり，自分なりに比べたり，関連付けたりしながら考えたり，試したりして工夫して遊ぶ」や，「(9)　日常生活の中で数量や図形などに関心をもつ」と定めているものは，神性といったフレーベル流の言葉こそ使われていませんが，フ

レーベルが，恩物を使って遊ぶことで幼児の発達を促したときのねらいと重なるものに他なりません。

　本章の冒頭と繰り返しになりますが，現代社会とはフレーベルが生き，考え，実践してきた時代よりもはるかに複雑なものです。たとえば，遊びや園内での様々な活動は，現代ではアナログな玩具によるものに止まらないはずです。視聴覚機器やコンピュータなどICTの活用についても，部分的にではあれ示唆されるようになっており，実際に活用している幼稚園もあるのです。私たちは，第3節第3項で，恩物が幼児と外界を橋渡しするメディアだということを学びました。現代では，幼児は恩物だけでなく，様々なメディアを通じて外界と関わって成長していくことができるのです。そのため，これからの保育者は，フレーベルの生きた時代よりも一層，複雑な環境構成をしていかなければならなくなるでしょう。そうした現代的な幼児教育・保育の方法を，本章でみてきたフレーベルの編み出した思想や方法論を基礎としながら，続く各章で学んでいきましょう。

（演習問題）

(1)　オーベルランやオーエンらの設立した「幼児学校」と，フレーベルが設立した「幼稚園」の目的の違いを説明してください。

(2)　フレーベルが設立した「幼稚園（kindergarten）」のもっている意味である「子ども（たち）のための庭」と，「子ども（たち）にとっての庭」について，それぞれの具体的な内容を説明しながら，「幼稚園」の特質を説明してください。

(3)　フレーベルが作り出した，子どもたちが遊戯をするにあたって用いる道具の名称を答えた上で，その道具を用いた遊戯の発達上の意義について答えてください。

引用・参考文献

乙訓稔（2005）『西洋近代幼児教育思想史——コメニウスからフレーベル（第2版）』東信堂。

フレーベル／荒井武訳（1964）『人間の教育（上）』岩波書店。

フレーベル／荘司雅子訳（1981）『フレーベル全集第4巻　幼稚園教育学』玉川大学出版部。

Ariés, P. (1962) *Century of childhood: A social history of family life*, Vintage Books, Inc. (杉山光信・杉山恵美子訳（1980）『〈子供〉の誕生——アンシャン・レジーム期の子供と家族生活』みすず書房).

Empey, L.T. (1978) *American delinquency: Its meaning and construction*, Dorsey press.

第2章
日本の幼児教育方法の歴史

本章では，前近代から近代にかけての日本の幼児教育の歴史を，特に教育方法という面に焦点をあててみていきます。近代国家を目指す過程において欧米の教育をモデルとした日本では，近代以前と以後で教育のあり方が大きく様変わりしました。近代以前の子育てはどのようであったのか，また近代以後の欧米的な幼児教育の方法はどのような課題を抱えながら進展していったのか，といった点に注意しながら理解を深めていきましょう。

1 前近代の社会と子育て

1．幼児観の変化

　まだ近世の雰囲気を各地に色濃く残す明治の初頭，日本を訪れた外国人たちの中には日本人が子どもと接する光景を目の当たりにして強い印象を受ける人が少なくありませんでした。『日本奥地紀行』の著者で世界各地を旅した紀行作家のイサベラ・バード（Isabella Bird）は，「私は，これほど自分の子どもをかわいがる人々を見たことがない」と手紙に書いていますし，大森貝塚を発見したモース（Edward Morse）は，「私は日本が子供の天国であることをくりかえさざるを得ない。世界中で日本ほど，子供が親切に取り扱われ，そして子供の為に深い注意が払われる国はない」と述べています。彼らがそれまでに体験し見聞してきた子育ての風景と，日本のそれとは大きく異なるものであったようです。

　とはいえ，そうした光景が日本において歴史的に不変であったわけではありません。古代や中世に遡れば，生後間もない子どもの養育が放棄され，道端に捨てられているような光景も決して珍しいことではありませんでした。戦国時代に日本を訪れた宣教師ルイス・フロイスは，殺され投げ捨てられている子どもを頻繁に見かけたことを書き残しています。日本の歴史の長い間，幼い子どもは手厚く保護され，愛情をもって育てられる対象では必ずしもなく，社会的にはとりかえのきく存在としてみなされていました。

　幼児に対する保護や愛着といった観念が社会的に高まっていったのは，近世を通してのことでした。その背景の一つとして，「家」の形成が庶

民の間にまで進んだことが挙げられます。15世紀以降，有力農民の間では，固有の家名や家産・家業をもち，父系直系で代々継承されていく家が形成されますが，それが17世紀後半頃になるとさらに広がって，夫婦と直系親族で構成される小農民の家が成立するようになりました。そして，これらの家が集まって近世的な「村」が形成され，共同体的秩序のもとに運営されていくことになります。近世社会の人口の大部分を占めた農民は，家と村の安定的な経営によってその生活の基盤を手に入れられるようになったのです。

　そしてこのことは，必然的に子育てや教育への関心をひき起こすことになりました。家を基盤とした生活を発展的に継続していくためには，次世代を担う後継者の育成が不可欠となるからです。それは村にとっても同様でした。また，近世社会における商品経済の広がりも，人々に学習・教育の必要性を強く感じさせることにつながりました。こうした背景のもとに，子どもの誕生や成長を共同体として見守り，祝う風習が成立していくことになります。

2．子育て書の登場

　江戸時代を中心とする日本の近世には，家の存続・発展を重視する社会的意識の高まりを背景として，育児や教育について記された多様な書物が数多くあらわれました。すでに近世以前，武家や芸能者の家訓において子育てに関する知見が散見されることはありましたが，近世にはそれが広く庶民へも呼びかけられるようになったのです。

　近世の子育て書で展開された子育て論には，いくつかの傾向がありました。

　一つは，儒教が社会生活の実践道徳となる中で，その儒教的価値の反映された子育て論です。そこには，単なる家の存続・発展のための処世術をこえて，人倫の探求という高度な道徳的価値を語りかける性格がありました。

　次に，享保期（1716～1736）の頃からあらわれた民衆教化としての子育て論があります。これには，治安対策の一環として幕府・諸藩によってうちだされたものと，庶民の間から生まれた心学と呼ばれる教化思想とがありました。前者は，百姓一揆や打ちこわしの増加といった為政者にとって憂うべき事態を背景に，子に対しては親孝行を，親に対しては子をいつくしむよう教訓することで，問題の出現を事前に防ごうという思惑がありました。後者は，石田梅岩による石門心学がその代表ですが，神・儒・仏三教を折衷融合し，日常生活に応用可能な実践倫理として広

まりました。石門心学者・柴田鳩翁の心学道話が筆
録された『鳩翁道話』には，心学によって「身分相応
の働き」のできる「人なみの人」が目指されるととも
に，子どもを教えることの大切さが説かれています。

　またその他に，間引きや堕胎の増加という深刻な社
会的問題を背景として生まれた子育て論もありました。
近世社会には，生まれてきた子を大切に思う子宝思想
が芽生えていましたが，貧困に直面する農村等では，
すでにある家族の生存を優先し新たに生まれる子ども
を殺す（間引く）という選択がなされることもありま
した。間引きに対して幕府・諸藩は禁止令を出します

写真 2 - 1　貝原益軒像（福岡市・金龍寺）
出典：筆者撮影。

が，それだけで防ぐことはできず，教諭所を設立したり間引き防止の教
訓を含んだ子育て書を出版したりするなど，人々の意識を変えようとす
る試みがなされました。

　このように，近世社会では様々な社会的要請から生じた子育て書が広
く流通しました。現代とは異なる価値観・教育観で論じられているとこ
ろも少なくありませんが，近世社会に生きた人々の子育てに対する知恵
が詰まっており，読み物としても興味深いものです。

3．『和俗童子訓』にみる近世の幼児教育法

　ここで近世の子育て書の中から**貝原益軒**（写真 2 - 1）の著した『和俗
童子訓』を取り上げ，当時の幼児教育に対する考え方をみてみましょう。
この書を取り上げるのは，益軒の教育論が新奇で独創的であったからで
はありません。むしろ本書は，当時の人々に受け入れられやすい常識的
な考え方を，学者や専門家に向けてではなく一般の庶民に向けて，実践
的にわかりやすく述べたものです。その意味で，近世社会の教育観をつ
かむのに格好の素材となる書物です。

　益軒がこの書で示した有名な教育論に「随年教法」（年に随ふて教ふ
る法）があります。これは，子どもの年齢に応じた適切な学習内容を示
したものでした。それによると，学習は 6 歳の正月に始まり，まず数字
や方角の名を教え，子どもの特性に応じて仮名を読ませたり字を書かせ
たりするのがよい，とされています。そこから 7 歳， 8 歳，10歳，15歳，
20歳と区切って，成長に応じた学習の段階が示されました。

　では， 6 歳以前の幼児期についてはどうでしょうか。益軒は幼児期を，
人としての基本的な性質をつくるのに重要な時期であると考え，その時
期の教育の核心として「予する」ことの大切さを強調しました。益

▷ 1　貝原益軒
福岡藩に生まれ，江戸幕府
の統治体制が完成した最も
泰平の時代を生きた儒学者
である。当時としては長命
な85歳まで存命し，様々な
ジャンルにわたる多くの著
作を残した。

軒は次のようにいいます。

> 予めとは，かねてよりという意味で，子どもがまだ悪にうつらないさ
> きに前もって教えるのをいう。早く教えないでおいて悪いことに染ま
> り，習慣になったあとからでは教えても善にならない。　（貝原，1974）

　子どもは善にも悪にも染まる可能性のある存在であり，だからこそ教
育が重要であること，そして子どもを善に導くには前もって良い教育を
与える必要のあること，これは益軒のみならず近世社会において多くの
人々の念頭にあった考え方でした。

　はじめによい教育を行うには，保育者（乳母や子どもにつきそう者）の
選定が重要になります。心がおだやかで，善良で，慎みぶかくて，言葉
が少ない者がよい，と益軒はいいます。幼児には，目の前の大人をまね
る性質があるため，保育者は良い手本となる人物でなければならないの
です。そうした保育者を得た上で，「義方」（義理の正しいことをもって悪
を戒める）の教えを大切にし，「姑息」（かわいがりすぎて，気ままにさせ
る）の愛に陥らないようにと戒めています。

　また，たこあげやこま回し，てまりといった幼い子どもの好む遊びに
関しては，成長に従ってやらなくなるため害はないが，費用が多くかか
る遊びや博打のような遊びはさせてはならない，と述べています。子ど
もの遊びは，近代以降の幼児教育においては非常に重要な意味をもつ活
動として位置づけられますが，近世社会では消極的な許容にとどまるこ
とが多く，積極的な意義は見出されにくかったようです。

2 　幼稚園の誕生と初期の幼児教育実践

1．幼稚園の誕生

　ここからは，近代日本の幼児教育についてみていきましょう。

　日本の近代教育は，欧米の教育制度・内容・方法をモデルとして出発
しました。1872（明治5）年公布の学制により，全国に5万を超える小
学校の創立が目指され，すべての子どもが小学校へ就学する国民皆学が
目指されることになります。この学制の中では，小学校の前段階に「幼
稚小学」として幼児教育らしきものが位置づけられていましたが，実態
化には至りませんでした。

　1876（明治9）年，東京女子師範学校附属幼稚園が開園し，国が主導

する近代幼児教育はその緒につきました。幼稚園の創設にあたっては，政府の使節団の一員として欧米の教育事情を視察してきた田中不二麿や，東京女子師範学校の摂理（校長）であった中村正直らによる熱心なはたらきかけがありました。また，開園した附属幼稚園においては，初代監事として関信三が，主席保姆としてフレーベルの流れをくむ養成所で学んだドイツ人松野クララが任用されました。関は英語が堪能で留学経験もあり，松野と他の保姆とのやりとりを媒介する通訳の役割も果たしつつ，一方で幼稚園に関する書籍の翻訳・著作活動に励み，日本の幼稚園教育の創始期に大きな足跡を残しました。

　1879（明治12）年には鹿児島女子師範学校附属幼稚園，大阪府立模範幼稚園，宮城県仙台区木町通小学校附属幼稚園が新たに誕生します。いずれも，東京女子師範学校附属幼稚園にならって設立されたものでした。しかし，施設設備が充実し富裕層の子どもが多く通う東京女子師範学校附属幼稚園はぜいたくな教育機関とみられる向きもあり，また国の教育政策の主眼もまずは小学校の普及におかれていたため，幼稚園の普及は順調には進みませんでした。

図2-1　第二恩物を扱う子ども
出典：関信三『幼稚園法二十遊嬉』より。

2．恩物中心の幼児教育

　東京女子師範学校附属幼稚園がその実践にあたってモデルとしたのは，欧米におけるフレーベル主義の幼稚園教育でした。その実践の中心には，フレーベルによって開発された**恩物**と呼ばれる教育玩具が位置づけられていました。附属幼稚園の開園は先述したように1876年のことでしたが，その開園直前にアメリカのフィラデルフィアで行われた万国博覧会には，日本から恩物を含む多数の幼稚園関係の品が出品されていました。すなわち，附属幼稚園開園以前の時点ですでに，幼稚園は恩物を用いて教育を行うところという認識が日本の関係者の間に存在していたことがわかります。

　恩物の使用法について，関は『幼稚園法二十遊嬉』を編集し，イラスト入りで解説しました（図2-1）。ちなみに，フレーベルが神からの賜物という意味を込めて名づけた"Gabe"に，「恩物」という翻訳を与えたのも関です。当時の人々にとって新設された幼稚園は全く未知の存在でしたが，しだいに幼稚園とは恩物を用いて保育するところというイメー

▷2　恩物
それを使って遊ぶことで子どもたちが世界を正しく認識していけるようにフレーベルによって考案された遊具と作業具の総称。フレーベルの恩物理論は彼の後継者たちによって体系化され，世界に広まった（第1章参照）。

ジが浸透していきました。この後，20世紀に入る頃までは，全国各地の幼稚園教育の中心は恩物を使用した保育でした。

　附属幼稚園の中心にいた関は，幼稚園教育に関する様々な外国文献にふれ，また日々の実践を重ねる中で，幼児教育に対する理解を着実に深めていきました。それは，ともに働く保姆たちも同様であったと思われます。保姆の一人豊田芙雄は，幼稚園の手引きとして手記「保育の栞」を作成していましたが，それをみるとフレーベルの思想に実際の保育体験に基づく自らの見識が加えられて，保育論が形成されている様子がうかがえます。

　しかしながら，幼稚園が徐々に全国へと展開されていく中で，遊びを中心として構成される幼稚園の教育に対し，世間の理解が十分であったとはいえませんでした。せっかく子どもを幼稚園にやらせているのに，幼稚園では何も教えてくれず子どもを遊ばせてばかりだ，と不満に思う保護者も少なくなかったようです。また，保育者の側においても，恩物を形式的な使用法のレベルで理解するにとどまり，そのとおりに厳格に運用しようとしたため，本来のあるべき保育の姿とはかけはなれてしまう実態がみられました。

③ 幼児教育実践の展開

1．幼稚園批判の高まり

　明治20年代に入ると，各地で幼稚園の設立が急速に進められます。1887（明治20）年に全国で67園あった幼稚園の数は，1895（明治28）年には200園を超えました。数字の上からは大きな伸びが確認できますが，実際にはこの時期，幼稚園は大きな批判にさらされます。幼稚園の教育や保育方法が疑問視されたり，小学校進学後の弊害が指摘されるなど，その教育効果を問う批判的な意見が高まって，幼稚園不要論という極端な議論までが飛び出す始末でした。

　この時期の幼稚園をめぐる論争は，幼児教育の根幹に関わる重要な論点をいくつも提示することとなりましたが，ここではそのうちの一つである幼児教育の独自性をめぐる問題に焦点をしぼって確認していきましょう。

　当時の幼児教育が抱えていた問題の一つとして，幼稚園があまりにも小学校的な教育機関になっていたことが挙げられます。全国の幼稚園の基準となっていた東京女子師範学校附属幼稚園では，1881（明治14）年

の規則改正によって，恩物による保育以外に読・書・算や修身といった内容が加わり，小学校の予備的教育機関であるかのような様相を呈していました。また，保護者側も幼稚園で行われる文字教育や算術教育をよろこび，子どもが幼稚園から帰ってくると今日はどんなことを教わったかとたずねるなど，学校のイメージの延長で幼稚園を捉えているところがありました。

　しかし，幼稚園が小学校と同内容の教育を行うのであれば，幼児教育とは学校教育の前倒しにすぎません。学齢期の子どもに対する教育とは異なる，幼児期の子どもにふさわしい教育の原理とはどのようなものかという問題が，改めて幼児教育関係者につきつけられたのです。また，先述したように，恩物に頼りきった保育実践も問い直される時期に来ていました。幼稚園の存在意義そのものが問われる厳しい論争を経て，幼稚園教育は学校教育とは異なる幼児教育固有の方法原理を探究する新たな段階を迎えたといえます。

2．恩物中心保育からの脱却

　1899（明治32）年，幼稚園保育及設備規程が制定されました。それまでは，東京女子師範学校附属幼稚園で定めた保育の要旨，項目などが全国の幼稚園にとっての事実上の基準となってきましたが，幼稚園保育及設備規程により初めて法の中にその基準が示されることとなりました。

　この規程では，保育内容は遊嬉（遊戯），唱歌，談話，手技の四項目とされました（保育四項目）。遊嬉を四項目の先頭におき，さらに談話や手技よりも唱歌を先にすることで，幼児教育における遊びの地位を重視したものとなっています。さらに遊嬉は随意遊嬉と共同遊嬉に分けられ，前者は子どもたちが自由に遊んだり運動したりするもので，後者は歌曲に合わせながら様々な運動を行うものと決められました。共同遊嬉は，唱歌の活動と兼ねて行われることが多かったようです。

　この規程における重要な変化は，手技という名称でくくられた従来保育の中心を占めてきた恩物が，四項目の最後におかれたことです。規程の手技の説明には，「手技ハ幼稚園恩物ヲ用ヒテ手及眼ヲ練習シ心意発育ノ資トス」と述べられていました。幼稚園教育で恩物を用いること自体に変わりはありませんでしたが，二十恩物すべてを機械的に採用して保育を行うのではなく，幼児の興味や難易度等に注意しながら取捨選択をするといった動きもあらわれてきました。

　幼稚園教育に占める恩物の比重が相対的に小さくなっていくこの時期には，世界でも新しい教育を模索した運動（**新教育運動**）が広まってい

▷3　**新教育運動**
20世紀初頭に世界的に広がった，児童の自発性や自己活動を尊重した教育運動の総称。日本では大正期に広まったため，大正新教育や大正自由教育と呼ばれる。

ました。新教育運動の中から生まれた児童中心主義や生活主義といった新たな主張は，幼児教育にも大きな影響を及ぼしました。児童の自発的活動を重視する児童中心主義は，フレーベル主義の幼児教育法は作為的で外から押しつける形になりやすく，幼児の自然な活動には適切ではないと批判して，幼児の自発的な遊戯を保育の主体とすることを主張しました。

　保育項目を小学校の教科のように時間を区切って行うのではなく，幼児の生活に根づいた主題から出発して統合した指導を目指す，統合主義保育と呼ばれる保育法も生まれました。この指導法はその後，キルパトリック（William Kilpatrick）によって発展させられ，日本には大正期にプロジェクト法として取り入れられています。また，今日でもよく知られるモンテッソーリ教育法が倉橋惣三によって紹介されたのも，この時期のことでした。

3．幼稚園教育における“自由遊び”の位置

　幼稚園保育及設備規程で遊嬉（遊戯）が筆頭におかれたことにあらわれているように，新教育運動の隆盛の中で幼児教育における遊びの意義が改めて問い直されることになりました。特に，この時代は遊戯といえば一般に「共同遊嬉」の意味で用いられることが多かったのですが，その中でこの規程が「随意遊嬉」（自由な遊び）を保育課程に位置づけたことには大きな意味があるといえます。

　従来の幼稚園においては，フレーベル考案の恩物を採用し，それを課業として幼児に作業させることが一般的でした。もちろん，遊びのもつ教育的意義を重視するフレーベル本来の思想からすれば，遊びを通じて幼児を「真の認識」に導くことが目的であって，決して恩物が子どもへの押しつけになってはいけないのですが，フレーベル主義の幼稚園が世界に広がる中でその精神が形骸化してしまったのは皮肉なことです。ともあれフレーベル主義の幼稚園は，幼児の自発的な興味や関心から遠ざかっていることを厳しく批判されるようになっていました。

　幼児教育の理論的指導者たちは，幼児が自発的に遊びを選択し，選択した遊びに没頭することこそ全人的な発達のために必要であると考え，そうした自然な活動を保育の課程として組み込むことに苦心しました。課業から保育をいかに自由

〈明治前半期の保育内容〉

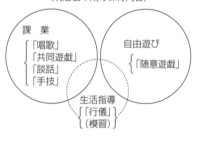

〈明治後半期の保育内容〉

〈昭和初期の保育内容〉

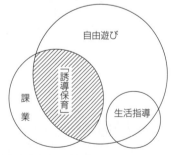

図2-2　東京女子師範学校附属
　　　　幼稚園の保育内容

出典：太田素子・浅井幸子編（2012）『保育と家庭教育の誕生』藤原書店，45頁。

にしていくか，その模索の過程があらわれているのが図2-2です。図2-2は，日本の近代幼児教育の中心であり続けた東京女子師範学校附属幼稚園における各時代の保育課程の構造を図示したものです。

　明治前半期，恩物が課業として保育の中心に位置づけられていた時代には，自由遊びは保育課程に明確な位置をもっていませんでした（図2-2の上）。幼稚園保育及設備規程で「随意遊嬉」が登場したことにより，自由遊びも保育課程の中に位置づけられることになりますが，当時の時間割によると，自由遊びとその他の課業的遊び（唱歌・手技など）が30分おきに交互に設定されるというリズムで保育が構成されており，自由遊びと課業的遊びとの間に有機的な連絡関係はありませんでした（図2-2の中）。

　和田実は，課業と自由遊びが画然とされたカリキュラムでは学校と変わりがないと考え，教育的観点から遊びを計画し組織することがどのようにして可能になるかを追究しました。そして，幼児が自発的に遊んでいるかのように課業的遊びに対し興味を誘導すること，そのための環境構成こそが重要であると考えました。こうして課業的活動の指導方法についての本格的な検討が始まり，やがて倉橋惣三の誘導保育にみられるような，自由遊びを保育の中心に据えた保育構成へとつながっていくことになりました（図2-2の下）。

演習問題

(1)　『和俗童子訓』にみられる子育ての考え方の中で，現代にも受け継がれているところや逆に現代とは異なるところには，それぞれどのような点がありましたか。

(2)　近代の幼児教育の中で，恩物を用いた保育にはどのような問題があったでしょうか。

(3)　前近代から近代にかけて，子どもの遊びに対する教育的な認識はどのように変化しましたか。

引用・参考文献

太田素子（2011）『近世の「家」と家族——子育てをめぐる社会史』角川学芸出版。

太田素子・浅井幸子編（2012）『保育と家庭教育の誕生——1890-1930』藤原書店。

貝原益軒／松田道雄訳（1974）『大和俗訓・和俗童子訓』中央公論社。

汐見稔幸・松本園子・髙田文子・矢治夕起・森川敬子（2017）『日本の保育の歴史——子ども観と保育の歴史150年』萌文書林。

宍戸健夫（2014）『日本における保育園の誕生──子どもたちの貧困に挑んだ
　　人びと』新読書社。

柴田純（2013）『日本幼児史──子どもへのまなざし』吉川弘文館。

辻本雅史（1999）『「学び」の復権──模倣と習熟』角川書店。

辻本雅史監修／小山静子編著（2013）『論集現代日本の教育史第4巻　子ども・
　　家族と教育』日本図書センター。

文部省（1979）『幼稚園教育百年史』ひかりのくに。

第3章
環境を通して行う教育

本章では，日本における幼児教育・保育の方法である「環境を通して行う教育」の考え方を理解することを目指します。第1節では，幼児教育・保育が成立している構造の全体像を確認し，幼稚園教育要領に基づき，環境を通して行う教育の概略を解説します。第2節では「環境構成」について，第3節では日常的実践の中の保育者による子どもとの適切な関わりの視点について学習します。

1 方法としての「環境を通して行う教育」◀1

1．環境を通して行う教育とは

日本の幼児教育・保育は，個々の幼稚園・保育所・認定こども園（以下，各園）の特色が発揮され，多様であるといわれます。しかし，本章で解説するように，各園の幼児教育・保育は，国が定めた幼稚園教育要領などの「ガイドライン」に基づいて展開されるべきものです。◀2

日本の幼児教育・保育は，基本となる共通部分と，各園が独自性を発揮することのできる部分とに分けられます（図3-1）。

図3-1のAに示されている目指すべき子どもの姿や教育の視点は，各園の幼児教育・保育の基礎であり，すべての保育者が踏まえるべき事項です。これにより，日本の幼児教育・保育の大まかな方向性が規定され，国全体として保育の質の保障に寄与します。

そしてAに基づき，各園の特色や独自性が発揮されることが望ましいとされます（B）。各園は，地域や子どもの実情・実態に応じて，保育内容を構想し，実践します。

Aに基づいて発揮される各園の保育内容に多様性があること自体は，歓迎されるべきことです。子どもや保護者にとっては，選択肢が増えることになります。しかし，「どのように教育・保育すべきか」という「保育の方法」は，ガイドラインで定められる共通部分です。

それが，「環境を通して行う教育」という方法です。幼稚園教育要領では，「幼稚園教育の基本」と位置づけられています。

1989（平成元）年の幼稚園教育要領等の改訂において，従来の保育者◀3

▷1　幼稚園教育要領における「環境を通して行う教育」は，保育所保育指針では「環境を通して行う保育」，幼保連携型認定こども園教育・保育要領では，「環境を通して行う教育及び保育」と表記される。施設を問わず共通する方法原理であり，その内容は同一であることから，本章では「環境を通して行う教育」と表記する。
▷2　本章においてガイドラインとは，幼稚園における幼稚園教育要領，保育所における保育所保育指針，幼保連携型認定こども園における幼保連携型認定こども園教育・保育要領の3つを総称する際に用いる。

▷3　幼稚園教育要領等のガイドラインは，およそ10年ごとに改訂（改定）される。

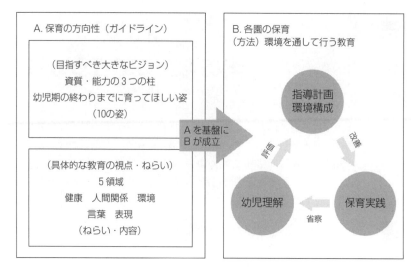

図 3 - 1　幼児教育・保育の全体構造

出典：筆者作成。

主導の「設定保育型」から，子ども中心の「環境構成型」への移行が目指されました。現在のガイドラインも，この考え方を継承しています。

　環境を通して行う教育は，環境構成型の幼児教育・保育における要となる考え方であり，「教育内容に基づいた計画的な環境をつくり出し，幼児期の教育における見方・考え方を十分に生かしながら，その環境に関わって幼児が主体性を十分に発揮して展開する生活を通して，望ましい方向に向かって幼児の発達を促すようにすること」（「幼稚園教育要領解説」2018：26）と説明されています。

　保育者が「計画的な環境」をつくることで，子どもがその環境に関わって「主体性を十分に発揮」できる生活を実現し，子どもの発達を促すという方法です。

2．子どもにとって必要な体験

　どのような方法で教育を行うかによって，子どもたちの経験は影響を受けることになります。環境を通して行う教育を理解するためには，子どもたちにとってどのような経験が望ましいとされているかを理解することが不可欠です。それは，保育者は子どもたちに何を提供すべきかを理解することでもあります。[4]

　ガイドラインでは，「体験」という言葉が用いられています。体験という言葉には，「身をもって」「体全体で」といったニュアンスが含まれています。

　それでは，子どもたちにとって望ましい体験とは，どのようなもので

▷ 4　加えて，保育の質とは何か，子どもが幼児教育・保育から得るべき利益とは何かなどの，保育の根本的な認識と関わる重要な基本原理であるといえる。

表3-1　「幼稚園教育要領解説」における望ましい体験

体験の性質	環境に主体的に関わることで，充実感や満足感を味わう体験 （「させられる」体験でない）
	直接的・具体的な体験 （「授業」や「ドリル学習」でない）

しょうか。表3-1は，「幼稚園教育要領解説」で望ましい体験に関して，説明されている事項をまとめたものです（25頁）[5]。

　望ましい体験の大前提として，幼児は知識や技能を「直接的・具体的体験を通して」身につけていくという認識があります。そしてその実現のために，子どもが「環境に主体的に関わる」ことで「充実感や満足感を味わうという体験」が必要とされています。

　別の箇所では，子どもの「関わりたいという意欲から発してこそ，環境との深い関わりが成り立つ」（28頁）という記載があります。「関わりたいという意欲」の有無が環境との関わりの深浅を左右する条件として位置づけられています。

　ここまでの議論を踏まえ，環境を通して行う教育の特質としてガイドラインに提示されている箇所を読んでみましょう（特質①）。

環境を通して行う教育の特質①

　環境を通して行う教育において，幼児が自ら心身を用いて対象に関わっていくことで，対象，対象との関わり方，さらに，対象と関わる自分自身について学んでいく。幼児の関わりたいという意欲から発してこそ，環境との深い関わりが成り立つ。この意味では，幼児の主体性が何よりも大切にされなければならない。

（「幼稚園教育要領解説」2018：28）

　特質①では，幼児が主体性を発揮しつつ，環境と深く関わる体験が，環境を通して行う教育において子どもに提供されるべきものとされています。そして，その子どもと環境との関わり（相互作用）の中に，子どもたちの学びが生じるという考え方が重要です。

3．環境を通して行う教育における保育者

　環境を通して行う教育は，子ども中心の，環境構成型と呼ばれる保育の方法原理であると述べました。そして，その中で，保育者は「計画的な環境をつくる」とされています。「子ども中心」といっておきながら，保育者が「計画的な環境」をつくるということは，保育者が保育を主導するような印象を受け，一見すると矛盾しているようにみえます。

▷5　「幼児期の教育においては，幼児が生活を通して身近なあらゆる環境からの刺激を受け止め，自分から興味をもって環境に主体的に関わりながら，様々な活動を展開し，充実感や満足感を味わうという体験を重ねていくことが重視されなければならない。その際，幼児が環境との関わり方や意味に気付き，これらを取り込もうとして，試行錯誤したり，考えたりするようになることが大切である」（「幼稚園教育要領解説」2018：25）。

また，環境を通して行う教育においては，保育者の関わりは「基本的には間接的なもの」であるとされています。これらの点は，どのように考えればよいでしょうか。

　教育学者の佐藤学は，「教える」という行為には２つの意味があるとしています。「教える」の１つ目の意味は「知識や技能を伝達する」，２つ目の意味は「学び手の態度やものの考え方に変容をもたらす」という意味です（佐藤，2010：44-45）。１つ目は，直接的に教える，２つ目は間接的に教えるとも表現できます。そして環境を通して行う教育は，基本的に２つ目の考え方（間接的に教える）に基づいているということができます。

　日本の幼児教育・保育では，子どもの「態度やものの考え方に変容をもたらす」ために，保育者が直接教えるのではなく，子どもが主体的に環境と関わる中で「体得していく」という側面が重視されているわけです。

　「幼稚園教育要領解説」では，環境を通して行う教育は，「幼児の主体性と教師の意図がバランスよく絡み合って成り立つ」ものであると説明されています。子どもにとって望ましい体験を準備するためには，子どもの姿を的確に捉え，意図や願いをもって計画的に環境構成できる専門性をもった保育者の存在が不可欠です。◁6

2 環境構成の視点

　子どもたちにとって必要な体験が得られるような環境を整えることを，環境構成といいます。環境を通して行う教育においては，子どもが環境に主体的に関わることが重視されることから，保育者の指示に対して子どもが受動的に活動を行うような，保育者主導の保育は望ましくありません。したがって，子どもにとって望ましい体験につながる活動が「生まれやすく，展開しやすいように意図をもって環境を構成」するという「事前準備」が，保育者の教育活動の柱となります。環境構成は，常に子どもの姿を観察し，子どもの関心や意欲，苦手さなどを捉え，子どもの姿を出発点として行われることが求められます。また，必要に応じて実践の中で環境を「再構成」するなどの臨機応変な対応も重要です。

1.「環境」について

　幼児教育・保育における「環境」の意味は，一般的に「地球環境問題」などのように用いられる場合と異なります。幼児教育・保育における環境とは，子どもにとっての，すべての教育資源を指して用いられる

専門用語です。具体的には，表
3-2のように，「モノ・ヒト・バ
ショ[7]」を指します。

表3-2　教育資源としての環境

モノ	物的環境（施設・遊具・玩具）
ヒト	人的環境（保育者・友だち）
バショ	地域など社会的環境・自然環境

　物的環境（モノ）について，子
どもたちが遊びたいと思うような遊具や玩具があるか，日によって違う
もので遊べるような十分なバリエーションや量があるかが重要です。

　人的環境（ヒト）については，保育者のあいだに協力体制があり，子
どもを温かく受け入れ，関わろうとする雰囲気があるかどうかや，保育
者と子どもとのコミュニケーションが子どもにとって支援的であるかど
うか，子ども同士の関係性などが重要です。

　社会的・自然環境（バショ）については，施設の立地により制約を受
けます。しかし，地域にある利用可能な資源を調べ，できるだけ多様な
場所や人々との出会いを準備できることが望ましいといえます。

　「幼稚園教育要領解説」では，環境構成について以下の通り示されて
います。

▷7　第4章から第6章では，これらのそれぞれについて，詳細に検討している。第4章では物的環境，第5章では人的環境，第6章では社会的環境について。

環境を通して行う教育の特質②
　そのためには（幼児の主体性を大切にするためには：引用者補足），
幼児が自分から興味をもって，道具や用具，素材についてふさわし
い関わりができるように，道具や用具，素材の種類，数量及び配置
を考えることが必要である。このような環境の構成への取組により，
幼児は積極性をもつようになり，活動の充実感や満足感が得られる
ようになる。幼児の周りに意味のある体験ができるような対象を配
置することにより，幼児の関わりを通して，その対象の潜在的な学
びの価値を引き出すことができる。その意味においては，テーブル
や整理棚など生活に必要なものや遊具，自然環境，教師間の協力体
制など幼稚園全体の教育環境が，幼児にふさわしいものとなってい
るかどうかも検討されなければならない。

（「幼稚園教育要領解説」2018：28）

　環境構成は，子どもにとっての教育効果を見通しながら，子どもと環
境（教育資源）との出会いの機会をコーディネートすることです。そし
て，その後も子どもと環境とが関わる実践の中から子どもの興味や関心
の変化などを捉え，再構成し続ける必要があります。

2．環境構成の基本

上で述べたように，環境構成は計画的に行われる必要があります。それは，①必ずしも子どもは望ましい方向性に発達していくとは限らないこと，②幼児一人ひとりに価値のある環境を提供する必要があるが，一人ひとりの興味・関心は異なること，などの認識があります。

一人の保育者が関わる子どもは幼稚園であれば1クラス最大35人です。[8]その中で子ども一人ひとりに必要な体験を積み重ねるためには，見通しをもつ必要があります。同時に，一人ひとりの活動の展開，幼稚園教育の全体を通して小学校以降への接続も見通す必要があります。その他，表3-3の幼稚園教育要領における環境構成の視点を確認しましょう。

▷8　保育所は3歳児で保育者1人当たり20人，4・5歳で30人となっている。

表3-3　幼稚園教育要領を踏まえた環境構成の視点

計画的な環境構成	
（視点①） 幼児が主体的に活動できる環境構成（思わず関わりたくなる，興味や関心が深まり，意欲が引き出される）	（視点②） 幼児の活動が精選されるような環境の構成
（必要となる要素） ・保育者や子ども同士の関係の安心感や安定感 ・保育者による遊具や用具，素材などの理解と意味づけ ・どのような育ちを期待したいかという保育者の教育的意図 ・保育者による幼児理解 ・環境の（不断の）再構成	（必要となる要素） ・保育者が，活動・遊びへの没頭，充実感や満足感を重視 ・保育者が，活動の過程を重視 ・保育者が，幼児の興味・関心に応じて新しい事物を出す，不要なものを整理する，現状維持で見守るなどの工夫 ・保育者が，じっくり取り組める時間・空間・遊具などを確保 ・保育者の活動への参加による興味・関心の共有

出典：「幼稚園教育要領解説」2018：36-39より。

3．環境構成の実際

保育者として，子どもが主体的に環境に関わることのできる環境構成をするときに必要な視点を，より具体的に提示したいと思います。

海外では，保育環境を得点化して評価するための「評価スケール」が用いられています（ハームスほか，2016）。そのスケールにおいては，どのような環境が「よい環境」とされているのでしょうか。

「遊びと学びのための室内構成」では，表3-4のようなスケール（尺度）で得点化されています。

表3-4の中で，特に「最低限」として「3つのコーナーがある」ことが挙げられている点，「よい」として「くつろぎの場を含む5つのコーナー」があること，とされている点に注目してください。これは，一般的に「一斉保育」と呼ばれるような保育のあり方だけでは，不十分

表3-4　ECER-S3におけるスケールの例（遊びと学びのための室内構成）

不適切	・ほとんどの遊びの場は混雑していてうまく遊びが発展しない ・保育室内に子どもが自由に使えるように整えられた遊具／教材がほとんどない ・子どもが遊んでいるときに保育者が見守り適切に援助することがとても困難である ・特別な配慮を要する障害のある子どもが遊べる場がない
最低限	・少なくとも2か所の，遊具／教材に応じて異なる遊びの場があり，適切な広さがある ・少なくとも条件が整った3つの活動センター（コーナー・ゾーン）がある ・保育者は最低限の見守りと援助ができる（何か問題が起きたときすぐにその場に行ける，室内を見回すと子どもが見える） ・特別な配慮を要する障害のある子どもが遊べる場がある
よい	・遊びの場は区分されていて，通常，遊びが妨げられない ・少なくとも条件が整った5つの活動センター（コーナー・ゾーン）があり，それにはくつろぎの場が含まれ，くつろぎの場は動きの多い遊びから守られている ・保育者はほとんど常にすべての子どもを視野に入れ，適切に見守る ・特別な配慮を要する障害のある子どもが室内のどこでも遊べる
とてもよい	・静かな遊びと動きの多い遊びの場は，家具で仕切られるのではなく，場所が離れている ・どの遊びの場も遊具／教材，設備等が便利にしつらえてある ・より広いスペースが必要になるセンター（積み木，ごっこ遊び，人気があったり動きの多い遊び）は，遊びのタイプや参加する子どもの数に応じた広さがある

であることが示されています。一般的に表現される一斉保育とは，保育者主導で子どもたちが一斉に同じ活動を行うことを指します。

　一斉保育を行ってはならない，ということではありません。活動の性質によっては，学級集団の子どもたち全員で，一斉に同一の活動を行うことが適していることもあるでしょう。

　しかし，表3-4からは，子どもたちがその日の活動を選択する主導権をもつべきである，という考え方が背景にあることがわかります。計画的な環境構成を行うということは，その日の子どもの活動を保育者が決める，ということを意味しないということです。

　これは，日本においても「コーナー保育」として知られている保育の形態です。コーナー保育では，子どもたちが自分がしたい活動を選択することができる点に特徴があります。もちろん第3節で示す通り，子どもを遊ばせておくだけではなく，見守りながら必要に応じて保育者が関わり，子どもの興味・関心を捉え，遊びの展開を豊かにするような支援が必要となります。

3　保育者の関わり

　当然ですが，保育者の仕事は，事前の環境構成で終わるわけではなく，保育実践の中で子どもたちと環境との関わりを観察しつつ，適切に関わっていく必要があります。しかしその際には，保育者による子どもへの一方的な指示で子どもを動かすような，「管理」的な保育にならないよう注意が必要です。本節では，環境を通して行う教育における保育者

による関わりの視点を提示します。

1．子どもを権利主体として捉える

　保育者としての基本的態度として必要なことは，一人ひとりの子どもを，人格をもった主体として尊重することだといえます。主体として尊重するということは，子ども一人ひとりが異なる人格や意思をもつ存在であり，その意思を無視あるいは軽視しないことが前提となります。

　たとえば保育者が，０歳児の居場所を移動しようと，言葉もかけず後ろから抱え，移動するような関わりは適切だといえるでしょうか。

　私たちはふつう，大人同士であれば，無言で後ろから他人を抱え，無理やり移動するようなことをしないはずです。したがって，このような関わりは，少なくとも大人と同等にはその子どもの意思を尊重していないということではないでしょうか。

　もちろん，大人によってケアされる必要がある存在であるという点で，大人と子どもは違います。しかし，それは大人と子どもとの間に「上下関係」があることを意味しませんし，子どもの意思を尊重しなくてもよいことにもなりません。一人の権利主体であるという点では，大人も子どもも区別されてはならないはずです。

2．肯定的に関わる

　子どもたちの意思を尊重しつつ，子どもの姿を肯定的に捉え，関わることが重要であるといえます。

　子どもにとっての必要な体験を計画し，環境を構成したとしても，保育者の見通しの通りに子どもが積極的・意欲的に関わってくれるかどうかはわかりません。しかし，そのような子どもを「主体性がない」と決めつけないように注意する必要があります。ある活動を「したくない」というのも主体としての子どもの姿であり，保育者はその姿を肯定的に受け止めることが求められます。

▷9　これは，幼児理解に関連する論点である。第9章を参照。

　子どもがある活動を「したくない」という意思表示をしたときに，「自分の考えていることを表現できるのはよいことである」と子どもの姿を捉え，受け止めることが，子どもの姿を肯定的に捉えるということです。そして，子どもの姿を受け止め，子どもの興味・関心のありかを探ったり，環境構成をやり直すような形をとることで，子どものニーズに柔軟に応えられる応答性も求められます。

　これまで示してきた関わりは，環境を通して行う教育の特質③で示されている関わり方の前提となるべきものです。

> 環境を通して行う教育の特質③
> 　環境との関わりを深め，幼児の学びを可能にするものが，教師の幼児との関わりである。教師の関わりは，基本的には間接的なものとしつつ，長い目では幼児期に幼児が学ぶべきことを学ぶことができるように援助していくことが重要である。また，幼児の意欲を大事にするには，幼児の遊びを大切にして，やってみたいと思えるようにするとともに，試行錯誤を認め，時間を掛けて取り組めるようにすることも大切である。　　　　　（「幼稚園教育要領解説」2018：28）

　子どもの行為を管理し，子どもの意思に反することをさせるような関わりでは，子どもたちにとって適切な体験を生み出すことはできません。子どもの行為の禁止，保育者による一方的な指示，子どもの行為を叱責するといったことは慎重に行われるべきであり，明確な教育的意図に基づいてのみ行われるべきことであると考えられます。

3．一緒に活動する

　日本の幼児教育・保育の特徴は，生活を中心としているところです。その中で，保育者は子どもと一緒に活動を共有することが求められます。
○一緒に遊ぶ
　保育者と子どもとが一緒に遊ぶことで，子どもの遊びが深まることが考えられます。保育者が子どもの遊びに加わることで，子どもだけで遊ぶのでは気づかなかった展開が示されたり，保育者に触発されて子どもたちの発想が膨らんだり，それまでは興味をもっていなかったその他の子どもを巻き込むきっかけになったりするでしょう。それは子どもたちの遊びを豊かにすることであると同時に，保育者にとっても子どもの姿を捉える貴重な機会になると考えられます。次の日の環境構成へとつながり，子どもの遊びや活動に連続性や関連性が生じ，長く遊びが継続し，プロジェクト型の保育▷10へと育っていくきっかけになるかもしれません。
　また，環境を通して行う教育の特質④では，保育者による「モデリング」が子どもにとっての環境との関わりの充実につながることを指摘しています。

▷10　プロジェクト型の保育
子どもたちの興味・関心に従い，特定のテーマについて長い時間（1～数か月）をかけて知識や体験を深めていく保育。

> 環境を通して行う教育の特質④
> 　教師自身も環境の一部である。教師の動きや態度は幼児の安心感の源であり，幼児の視線は，教師の意図する，しないに関わらず，

教師の姿に注がれていることが少なくない。物的環境の構成に取り組んでいる教師の姿や同じ仲間の姿があってこそ，その物的環境への幼児の興味や関心が生み出される。教師がモデルとして物的環境への関わりを示すことで，充実した環境との関わりが生まれてくる。

（「幼稚園教育要領解説」2018：28）

◯提案し，誘う

　保育者が準備した活動を子どもたちと一緒に行うことを，設定保育といいます。設定保育とは，子どもたちの関心に基づいて展開する保育ばかりでは活動内容に偏りが生じるため，自由保育を補うものと考えられています。そのような機会にも，保育者の準備した活動を「させる」のではなく，「先生は今日，こういうことがしたいのだけれど，一緒にやらない？」と提案し，誘うという構えが重要です。

◯見守り，必要に応じて介入する

　日本の保育者の態度として，子どもを「見守る」ことが重視されていることが挙げられます。しかし見守るだけでは，子どもにとって放任されることと変わりません。保育者による「見守る」という行為は，「介入のタイミングを待つ」ために行われるべきものであり，保育者が先回りして指示することで，子どもが体験する機会を奪うような，不適切な関わりを防ぐために重要であるといえます。そして介入の際には，できるだけ個別の子どもと，1対1で対話やコミュニケーションをとる機会を増やすことを目指すべきだと考えられます。

演習問題

(1)　「環境を通して行う教育」における子どもにとって望ましい体験とはどのようなものか，答えてください。
(2)　環境構成のポイントを説明してください。
(3)　第3節で述べた，保育者による子どもとの関わりのうち重要だと思うことを一つ挙げ，要点をまとめてください。

引用・参考文献

佐藤学（2010）『教育の方法』放送大学叢書。

ハームス，テルマ・クリフォード，リチャード M.・クレア，デヴィ／埋橋玲子訳（2016）『新・保育環境評価スケール①（3歳以上）』法律文化社。

第4章
子どもの育ちと物的環境

幼児教育・保育の基本は，「環境を通して行う教育」です。つまり，子どもが環境と関わる中で様々なことを学び取っていくことが，幼児教育・保育の基本的なあり方です。このとき，保育者に期待される役割として，子どもが周囲の様々なモノと適切に関わることができるように，環境を構成することが挙げられます。本章では，子どもとモノとの関係に焦点を当て，保育者が環境構成を行う際に考慮すべきポイントを考えていくことにします。

1 「学び」＝「物事の捉え方」を豊かにする

　子どもたちは，身近にあるおもちゃや道具，外遊びで出会う植物や昆虫など，様々な事物や生き物と関わる中で，とても多くの経験を重ねていきます。たとえば，積み木で遊ぶことは，四角や丸といった形の特徴を感覚的に知る経験にもなれば，子どもが自分の力で何かをやりとげるという充実感や満足感を味わう経験にもなります。また，おりがみで紙飛行機をつくり，友だちとどちらが遠くに飛ばすことができるのかを競うことは，友だちと一緒にきまりを守りながら遊ぶ経験になりますし，目に見えない風の存在を意識する経験にもなります。植物や昆虫と関わることは，生き物に親しみをもったり，生命の尊さに気づいたりする経験にもなります。

　そのため保育者には，子どもたちが興味をもって周囲の事物や生き物と関わることができるように，環境構成を行うことが求められます。本章では特に，おもちゃや道具などの物的環境を構成する際に考慮すべきポイントを考えていくことにします。なお，ここでのポイントとは，物的環境を構成する具体的な方法ではなく，物的環境を構成する際に保育者がもっておくべき視点のことを指します。そのため，ここで示される考え方は，物的環境のみならず自然環境などにも応用できる部分があることをあらかじめ伝えておきたいと思います。

▷1　より具体的な環境構成については，高山（2014）や瀧（2018）が参考になる。

1. 「知識を得ること」と「物事の捉え方」の関係

　物的環境を構成する際に保育者がもっておくべき視点について考えていくために，まずは「学び」について考えておきたいと思います。具体

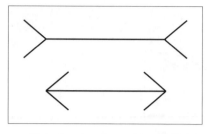

図4-1　ミュラー・リヤー錯視

的には，本書を読むみなさんの学びと，保育を受ける子どもたちの学びについてみていくことにします。みなさんの学びからみていくことにしましょう。

　本書全体を通して，いくつもの専門的な知識と出会うことになります。本章でも，環境構成に関する様々な知識が登場しますが，みなさんがそれらの知識を得ることの意味について考えておきましょう。

　知識を得ることの意味を考えるために，一つの例を紹介していくことにします。図4-1を見てください。両端に＜＞がそれぞれ異なる方向につけられた2つの直線があります。この2つの直線のどちらが長いでしょうか。図をよく見て考えてください。

　一見すると，上の直線の方が長く見えます。しかし実は，2つの直線は同じ長さです。手元に定規がある人は，是非とも実際に長さを測ってみてください。

　図4-1は，ミュラー・リヤー錯視としてよく知られるものです。すでにこの図を知っていた人であれば，「どちらが長いか」という先ほどの質問に答えることは，とても簡単だったかもしれません。

　ここで重要なのは，「すでにこの図を知っていた人であれば」見た目に騙されることなく，2つの直線の長さを適切に捉えることができたということです。つまり，「上の直線が長く見えるのは目の錯覚だ」ということを知っていたから，見た目通りに2つの直線の長さを理解せず，自らの知識を手がかりに直線の長さを理解したということになります。また，ここで初めてこの図のことを知った人も，次にこの図と出会ったときには，見かけに騙されずに，2つの直線の長さを理解できるようになるはずです。

　以上のことから，知識を得ることで，物事について様々な角度から考えることができるようになるといえるでしょう。つまり，ある知識を得ることによって，以前は気づくことができなかったことに気づいたり，これまでとは異なる観点から考えたりすることができるようになるのです。

　このように，私たちの物事の捉え方には，知識が大きな影響を与えています。そして，新しい知識を得ることは，これまでとは異なる物事の捉え方を私たちにもたらしてくれます。したがって，保育の専門的な知識を得ることは，子どもとの関わり方に関する，新しい捉え方を身につけることにつながるといえます。一つの見方にとらわれず，柔軟に環境構成していくためにも，保育者を目指す上で，専門的な知識を得ること

は，重要な意味をもつのです。こういったことを意識すると，これから読んでいく文章も，さっきまでとはちょっと違ってみえるのではないでしょうか。

2．「環境と関わること」と「物事の捉え方」の関係

　ここまでは，知識を得ることで物事の新しい捉え方ができるようになるということを確認してきました。言い換えるなら，保育に関する授業の中で，みなさんに期待される学びとは，保育についての新しい捉え方を身につけることだといえます。

　これと同じように，子どもの学びも，物事の新しい捉え方を身につけていくことだと考えることができます。一つの例として，鉛筆と子どもの関わりについて考えながら，子どもの学びについて確認していきたいと思います。

　子どもが鉛筆とはじめて出会ったとき，子どもにとって鉛筆は，ただの細長い棒でしかないでしょう。なぜならば，その子どもは，鉛筆で紙に線を書くという経験をしていないため，「紙に線を書く」という鉛筆の機能をまだ理解していないからです。このとき子どもは，鉛筆を，細長い木の枝とほとんど同じもののように思っていることでしょう。

　ところが，子どもが鉛筆を使って紙に線を書くという経験をしたならば，それ以降，子どもは，鉛筆と木の枝を区別するようになります。つまり子どもは，鉛筆は木の枝と違って，紙に線を書くという機能をもつということに気づいたのです。このことを「物事の捉え方」という言葉を使って言い換えるならば，この子どもは，「鉛筆と木の枝はちがうモノだ」「鉛筆では線を書くことができる」という，物事の新しい捉え方を身につけたのだといえます。

　「鉛筆と木の枝はちがうモノだ」「鉛筆では線を書くことができる」という，物事の新しい捉え方を身につけた子どもは，その後，これまでにはなかった経験を重ねていきます。そして，その経験の中で，様々なことを学んでいきます。たとえば，力の入れ具合で線の濃さが変わる経験や力いっぱい書いて芯を折ってしまう経験から，子どもは力加減をする必要性を学びます。さらにこの学びから，子どもは力を調整しながら鉛筆を使うという，新しい環境との関わり方を身につけていきます。そして力を調整して鉛筆を使うという経験を重ねる中で，「力加減をする自分自身」の存在にも気づくようになるでしょう。ふたたび「物事の捉え方」という言葉を使って言い換えるならば，この子どもは，鉛筆と関わる中で，「力加減をしている自分がいる」という，物事の新しい捉え方

を身につけたのだといえます。

　以上の例をまとめると，次のようになります。子どもは紙に線を書くという経験から，「鉛筆と木の枝を区別する」という物事の新しい捉え方を身につけました。そして，新たに身につけた物事の捉え方は，力を調整して鉛筆を使うという，新しい環境との関わり方を生み出しました。そして，その新しい環境との関わり方は，「力を調整している自分がいる」という物事の新たな捉え方を生み出すことになりました。

　こうした姿は，「幼稚園教育要領解説」第1章「2　環境を通して行う教育」に書かれている，次のような子どもの姿とも一致しています。「環境を通して行う教育において，幼児が自ら心身を用いて対象に関わっていくことで，対象，対象との関わり方，さらに，対象と関わる自分自身について学んでいく」(28頁)。つまり子どもは，対象の性質，対象との関わり方，対象と関わる自分自身について学んでいく中で，「物事の捉え方」を豊かにしていくのです。こうしてみてみると，本書を読みながら学ぶみなさんと，環境と関わる中で学ぶ子どもたちとのあいだには，新しい物事の捉え方を身につけていくという点で共通していることがわかると思います。

　とはいえ，みなさんの学びと子どもたちの学びが完全に一緒だというわけではありません。保育について考えていく上では，2つの学びの違いに注意しなければなりません。その違いとは，学びの方法に関するものです。つまり，みなさんは主に言葉を通して知識を得るという方法で学ぶのに対して，子どもたちは主に直接的・具体的な経験を通して学ぶという違いです。この点に関して，ふたたび「幼稚園教育要領解説」第1章「2　環境を通して行う教育」をみてみると，次のように書かれています。「一般に，幼児期は自分の生活を離れて知識や技能を一方向的に教えられて身に付けていく時期ではなく，生活の中で自分の興味や欲求に基づいた直接的・具体的な体験を通して，この時期にふさわしい生活を営むために必要なことが培われる時期であることが知られている」(25頁)。

　したがって，保育者には，子どもが新しい物事の捉え方を身につけたり，新たな環境との関わり方に気づいたりすることができる環境構成を行うことが求められているといえます。第2節では，このような環境構成を行うときに参考になる考え方を，いくつかみていくことにします。

2 アフォーダンスとシグニファイア

1．そもそも環境とは何か

　高山静子（2014）によると，環境構成を行う
ための基本的な知識の一つに，「環境の要素と
その影響に関する知識」が含まれています（そ
のほかの知識については表4-1をみてください）。
つまり，よりよい環境構成を行うためには，環境
に関する知識をもっておかなければなりません。
　ここでは環境の2つの捉え方を取り上げるこ
とで，環境に関する知識を豊かにしていきたい
と思います。2つの捉え方とは，それぞれ「モノとしての環境」と「意
味としての環境」と呼べるものです。
　「モノとしての環境」とは，私たちの身の回りにあるモノや空間のこ
とです。それらのモノや空間は，私たちが何をしていようとも，そこに
変わらず存在していると考えられます。たとえば，今みなさんがこのテ
キストを読んでいる部屋は，みなさんがその場を立ち去った後でも，な
にも変わらないままでしょう。このように，「モノとしての環境」は，
人間とは別々に存在していると考えられます。
　しかし，同じモノや空間であっても，私たちがそこから受け取る意味
は同じではありません。たとえば椅子は，大人にとっては座るためのも
のとして利用されますが，1歳頃の子どもにとっては，つかまり立ちを
するための支えとして利用されることがあります。また，椅子は高いと
ころにあるものを取るための踏み台として利用されることもあるでしょ
う。このとき椅子は，座るためのものではなく，私たちの身体を支える
ことができる踏み台として，私たちに利
用されています。つまり，同じモノや空
間であっても，それらが私たちに与える
意味は様々に変化するのです。このよう
に，私たちに様々な意味を与える環境を，
「意味としての環境」と捉えることがで
きます（図4-2）。
　幼児教育・保育においては，この「意
味としての環境」の視点から，物的環境

表4-1　環境構成を行うための4つの基本的な知識

①	保育の目標と方法原理の知識 （本書第3章，第8章を参照）
②	乳幼児の発達過程の知識 （保育所保育指針などを参照）
③	乳幼児の発達環境としての家庭と地域に関する知識 （本書第6章を参照）
④	環境の要素とその影響に関する知識

出典：高山静子（2014）『環境構成の理論と実践』エイデル
　　研究所を参考に，筆者作成。

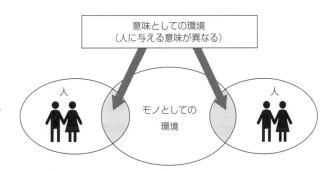

図4-2　「モノとしての環境」と「意味としての環境」
出典：筆者作成。

の構成を考えなければなりません。なぜならば、「幼稚園教育要領解説」第1章「4 計画的な環境の構成」の中で書かれているように、「幼児の行動や心情によって、同じ場や素材でもそこで幼児が経験するものは違っている」(37頁)からです。したがって保育者は、目の前の子どもにとっての「意味としての環境」がどのようなものであるかを意識しながら、適切な環境構成を行う必要があります。

　しかしながら、私たちが子どもたちにとっての「意味としての環境」を完全に理解することはできません。なぜならば、大人と子どもでは、それぞれにとっての「意味としての環境」が大きく違っているからです。私たち大人と子どものあいだには、知識や身体のサイズ、経験などにおいて大きな差があります。そのため、私たち大人にとっては当たり前のことであっても、子どもにとっては当たり前ではないということも少なくないのです。たとえば、私たち大人は、花火が熱く、私たちの身体を火傷させてしまうということを知っているため、花火を危険なものとして経験していますが、まだそのことを知らない子どもにとっては、パチパチときらめく楽しげなものとしてしか経験されないでしょう。花火の危険性をすでに知ってしまった私たちは、その危険性を知らない子どもたちが花火から受け取る意味を、完全に理解することはできません。環境構成を行う際に、子どもたちがどのような経験をしているのかを考えることはとても大切ですが、そこには大きな困難がつきまとうことを自覚しておく必要があります。

2．子どもの経験を理解するために──アフォーダンス

　前項で確認したように、環境が私たちに与える意味は、私たちとの関係に応じて変化しているため、子どもにとっての「意味としての環境」を大人が把握することは、きわめて困難なことだといえます。このような困難さを、わずかながら解消するための手がかりとなる専門用語として、「アフォーダンス（affordance）」という言葉があります[2]。これは、アメリカの心理学者であるジェームズ・ギブソン（James Gibson）が、afford（与える、提供するという意味）という動詞をもとに作った言葉です。

　アフォーダンスは、「環境に存在し、動物に行為の可能性を提供する情報」(山本, 2019：139)を意味します。言い換えるならば、人間を含む生き物に対して、ある行為を促すモノや空間の性質となります。先ほども紹介した椅子の例にあてはめるならば、椅子は、大人に対しては「座る」という行為を促し、1歳頃の子どもに対しては「つかまって立つ」という行為を促していると考えられます。このとき椅子は、「座る」

▷2 アフォーダンスを手がかりにしながら保育実践を分析している研究としては、本章でもたびたび参照している山本（2019）が注目に値する。この本は、環境やアフォーダンスといった概念についてのていねいな理論的考察に裏打ちされた保育実践研究を行ったものであり、まさに、私たちの保育の捉え方を豊かにしてくれるものである。とはいえ、決してやさしい内容ではないので、通読するのも骨が折れる作業になってしまう。保育事例の分析を行っている第3部から目を通していくのも一つの読み方であるように思われる。

と「つかまって立つ」というアフォーダ
ンスをもっているといえます。つまり，
大人は椅子の「座る」というアフォーダ
ンスに促されて座っており，子どもは椅
子の「つかまって立つ」というアフォー
ダンスに促されてつかまり立ちをしてい
ると理解できるのです（図4-3）。

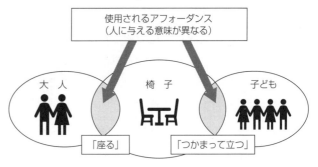

図4-3　椅子のアフォーダンスと人の行為の関係
出典：筆者作成。

　より具体的な例から，アフォーダンス
についてみていきたいと思います。たと
えば，今みなさんが読んでいるテキストの中に存在している空白は，文
字などを「書き込む」という行為を促しています。授業中に聞いた内容
をメモするときや合間をみて落書きをするときには，文字が印刷されて
いる箇所ではなく，ページのはしに書くことが多いでしょう。書こうと
思えば文字が印刷してある場所に書くこともできますが，多くの場合，
私たちは自然と空白のある部分に書き込んでいるように思われます。こ
のとき私たちは，空白がもっている「書き込む」というアフォーダンス
によって，メモをすることや落書きをすることを促されていると考えら
れるのです。

　アフォーダンスを手がかりにしながら保育実践研究を行っている山本
一成によると，アフォーダンスは「異なる仕方で生きる他者にとっての
『意味』と『価値』を理解するための，環境行動の記述言語」（山本，
2019：156）となります。難しい表現ですので，かみ砕いて説明すると，
アフォーダンスは，人の行動を手がかりにしながら，その人にとっての
「意味としての環境」がどのようなものかを考える視点を与えてくれる，
ということになります。

　山本が紹介している例を手がかりにしながら考えていきましょう。た
とえば，道端の溝を全力で跳びこえようとする子どもの姿からは，その
溝が子どもに対して，「ぎりぎり跳ぶことができる」という挑戦の可能
性を提供しているという解釈を導き出すことができます。私たち大人に
とっては，特に意識することもない溝であったとしても，子どもにとっ
ては，跳べるか跳べないかを試すとても魅力的なアトラクションのよう
にみえていることもあるのです。このように，アフォーダンスという視
点を意識することで，子どもにとって溝が「ぎりぎり跳ぶことができ
る」という意味を与える，とても魅力的な「遊びの場」になっていると
いうことを想像することができます。これは，大人の目線から考えるだ
けでは，なかなか気づくことができない，環境の特徴だといえるでしょう。

以上のように，アフォーダンスという視点をもつことで，私たち大人の目線からはなかなか理解することができない，子どものふるまいや環境の特徴について考えることができます。そして，このような理解の仕方は，大人の規準で子どもを評価することを回避することにもつながります。というのも，アフォーダンスに基づく子ども理解は，一見すると理解できないふるまいをしている子どもであっても，その子どもを「変わった子」や「できない子」というレッテルを貼って捉えるのではなく，その子なりの「意味としての環境」を理解しようと努めるからです。その意味で，アフォーダンスは，私たちが子ども目線で考えようとするときの，一つの手がかりになるといえるでしょう。

3．環境との関わり方を示すために──シグニファイア

　アフォーダンスは，環境構成を行う際にも役立ちます。ふたたび「幼稚園教育要領解説」第1章「4　計画的な環境の構成」をみてみると，「一人一人の幼児に幼稚園教育のねらいが着実に実現されていくためには，幼児が必要な体験を積み重ねていくことができるように，発達の道筋を見通して，教育的に価値のある環境を計画的に構成していかなければならない」(36頁) と書かれています。つまり，環境構成を行う際には，幼稚園教育のねらいや年齢に応じた発達の特徴を踏まえながら，目の前の子どもに，どのような体験をさせたいのかを，明確にしておく必要があるということです。

　その上で，保育者は，子どもに体験させたい活動を可能にするためには，子どもが環境からどのような意味を受け取る必要があるのか，また，どのような意味を受け取ったらそのような活動が妨げられてしまうのかを，十分に考えなければなりません。それらを十分に考えた上で，必要な道具やおもちゃの種類と数，それらと子どもが関わる空間のあり方，保育者の援助の方法などを具体化していく必要があります。

　とはいえ，椅子に，「座る」と「つかまって立つ」という複数のアフォーダンスがあったように，同じ事物や空間にも，多様なアフォーダンスが備えられているため，ある意図をもって環境を構成したにもかかわらず，その意図とは違う使い方をされることも少なくありません。意図と異なるアフォーダンスが利用された例として，フレンチレストランなどで出される小さな器に入った水（フィンガーボウル）を挙げることができます。これは，料理を食べる際に汚れた指を洗うために用意されるものです。しかし，その使い方を知らずに飲んでしまったというエピソード を（事実かどうかはわかりませんが）耳にすることがあります。つ

まり，このエピソードでは，水が
もっている「汚れを流す」というア
フォーダンスではなく，「飲む」と
いうアフォーダンスが，料理を食べ
る側に利用されたということになり
ます。そしてここには，料理を出す
側が料理を食べる側に利用されるこ
とを意図していたアフォーダンスと，
実際に料理を食べる側が利用したア
フォーダンスにズレがあるといえま
す。

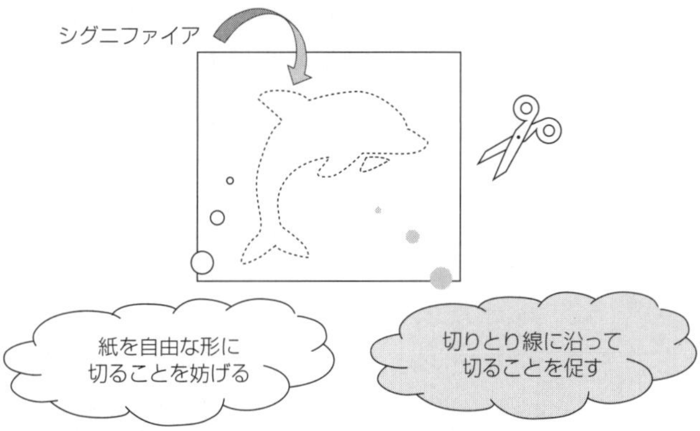

図4-4　切りとり線が促すものと妨げるもの
出典：筆者作成。

　アフォーダンスのズレが生じるの
を防ぐための方法の一つとして，どのような行為をすることを期待して
いるのかをわかりやすく示す工夫をするということが挙げられます。こ
のような工夫は，デザインの分野では「シグニファイア（signifier）」と呼
ばれています。この言葉をデザインの分野に導入したドナルド・ノーマ
ン（Donald Norman）によると，「シグニファイアとは，人々に適切な行
動を伝える，マークや音，知覚可能な標識のすべてを示すもの」（Norman,
2013＝2015：19）のことを指します。言い換えると，環境との関わり方を
わかりやすく示す目印ということになります。

　シグニファイアの例をいくつかみていくことにしましょう。たとえば，
ドアに書かれた「押す」「引く」という文字や，スライドする方向を指
し示す「←」といった記号は，ドアを動かす方向をわかりやすくする目
印だといえます。また，運動場や雪道に残されている他の人の足跡は，
歩きやすい道を示す目印となっています。幼児教育・保育の例に引きつ
けてみると，保育者がモデルとなって道具を使ってみせることは，子ど
もたちに対して，道具との関わり方を示す目印となっているといえます。
このように，ある一つの環境との関わり方を際立たせることによって，
環境を構成する側が意図していた関わり方を実現しやすくするのです。▷3

　幼児教育・保育における具体的な例について，さらに詳しくみていく
ことにしましょう。たとえば，紙に書かれた切りとり線は，「線に沿っ
て切る」という環境との関わり方を際立たせながら，私たちに「切る」
という行為を促します。したがって，指先の器用さを高めたいというね
らいを達成しようとする場合には，切りとり線の存在が，子どもたちに
適切な関わり方を示しているといえます。その反面，自由な発想で制作
活動を行わせたい場合には，特定の作り方へと誘導していく切りとり線

▷3　なおノーマンは，「反
アフォーダンス（anti-affor-
dance）」という概念を提
示し，「～しないことを促
す」モノや空間の性質につ
いて論じている。たとえば
ガラスは，「透かして見る
ことを促す」が，その一方
で，「通り抜けないことを
促す」と考えられる。この
視点は，子どもの安全や規
範意識を育てることを考え
る際に有効なものとなるよ
うに思われる。

は，不必要な意味を与えていることになります（図4-4）。

　このように，物的環境を構成するときには，子ども自身がどのように環境と関わればよいのかをはっきりと理解できるように工夫すること（シグニファイア）が重要だといえます。そのためには，物的環境との関わり方を示す目印を必要に応じて準備する必要があります。そうすることで，保育者のねらいを実現することができる環境構成に，より近づくことが可能になると思われます。

3　「環境と出会わせようとすること」と「子どもから学ぶということ」

　前節で確認したように，物的環境を構成するときには，子ども自身がどのように環境と関わればよいのかを，はっきりと理解できるように工夫することが重要です。とはいえ，保育者の意図通りに子どもを動かすことにあまりにもこだわりすぎてしまうと，保育者主導の一方的な保育に陥ってしまい，子どもたちが試行錯誤しながら環境と関わる機会を奪ってしまう可能性があります。また，一つのねらいにこだわりすぎてしまうと，環境のもつ豊かさを損ねることにもつながり，子どもたちが多様な経験を積み重ねることができなくなる場合もあります。あくまでも，「環境を通して行う教育」が，幼児教育・保育における基本的な考え方であることを改めて意識しておかなければなりません。

　保育者が子どもを環境と出会わせようとしすぎることで，環境の捉え方が狭くなってしまった事例を取り上げながら，環境に出会わせようとすることの問題を具体的にイメージしていきたいと思います。

　ここで取り上げる事例は，第2節でも言及した山本（2019）によるものです。この事例は，保育者である山本が，子どもたちとの散歩の途中で，子どもたちを芋虫に出会わせようとするところから始まります。山本は，ある意図をもって，子どもと芋虫を出会わせようとするのですが，子どもの反応を見て，自らの関わり方を反省することになります。この事例には，環境が与える意味の違いや，子どもの経験と保育者の意図との関係を考えるための具体的な材料が含まれています。この事例を読みながら，これまでの内容を振り返ってみるのもよいでしょう。

【事例　芋虫に出会わせようとする】

　リズム遊びが始まる前，私はカズキ，ルイ，タカコと一緒に階段わきの草むらで遊んでいた。4人で山の方に散歩に行こうと歩き出したとき，私は道端の木から芋虫がぶら下がっているのを見つけた。「あっ，芋虫！」と言うと，子どもたちも「ほんとだ！」と言って立ち止まり，しばらく木からぶら下がる芋虫を眺めていた。私はこのとき「気づかれていない命」についての論文を構想していたこともあり，ふと「この芋虫ともっと深く出会えるのではないか」という気持ちが起こってきた。そこで，芋虫と遊んでみようと思い，「ふーっ」と芋虫に息を吹きかけてみた。すると，ぶらさがった芋虫がぶらぶらと揺れ始める。私がそれを見て「ぶらんこみたいやな」と言うと，カズキとルイも同じように息を吹きかけ始めた。芋虫はぶらんこのように揺れ続ける。タカコははじめその輪に加わろうとしていたが，息を吹きかけることはせず，しばらく黙ってその様子を見ていた。そして，ふと「……芋虫が目回ってるよ」とつぶやいた。私は，この言葉にはっと息をのみ，なにかタカコと芋虫に対して申し訳ないような気持ちが起こってきた。そして，タカコに「ほんまや」と答え，「ごめんな，芋虫さん」とつぶやいた。カズキとルイは何も言わなかったが，芋虫に息をかけるのをやめ，再び山の方に歩き始めた。タカコは，一番後ろで少し芋虫を眺めてから，「でも顔はあんまりかわいくないね」と言って散歩の列に戻ってきた。

（山本，2019：242）

　保育者である山本は，おそらく，領域「環境」の内容の一つである「身近な動植物に親しみをもって接し，生命の尊さに気付き，いたわったり，大切にしたりする」（幼稚園教育要領，第2章「環境」）ということとの関連を念頭に置きながら，子どもたちを芋虫と出会わせようとしていたのだと思われます。そして，子どもたちが芋虫とふれあうきっかけをつくるために，芋虫に息を吹きかけたのだと考えられます。この試みは，ある意味では成功したといえるでしょう。というのも，カズキとルイは，芋虫がぶらぶらと揺れる姿に関心をもち，保育者の真似をして，自分たちで芋虫に息を吹きかけるようになったからです。

　しかし，その後のタカコの反応を見て，山本は，自分自身の芋虫に対する見方が，生命を尊重する態度とはかけ離れていたことに気づかされます。山本が息を吹きかけたとき，この芋虫は，子どもに生命とふれあう経験を与える「道具」として利用されていたのです。山本は，タカコの「……芋虫が目回ってるよ」という言葉を聞くことで，そのような自分自身の見方を自覚することになりました。つまり，成功したように思われた息を吹きかけるというアプローチが，適切なものではなかったことに山本は気づかされたのです。そして山本は，この事例を振り返る中で，タカコこそ，生き物としての芋虫を経験していたのだと結論づけて

います。

　この事例には，環境と出会わせようとすることの問題が示されていると同時に，その問題を乗り越えるための視点も示されています。その視点とは，保育者自身が，子どもの姿から新たな環境との関わり方を学んでいるというものです。つまり，保育者が子どもから学ぶことによって，環境の捉え方を豊かにすることができるのです。

　保育者が子どもから学び，環境の捉え方を豊かにするということは，これまで気づいていなかったアフォーダンス，すなわち環境のもつ可能性に気づくということでもあります。したがって，保育者が子どもから学ぶということは，単に自分の保育実践を見直すことにとどまらず，身の回りにある物的環境のもつ可能性を学んでいくということになります。このようにして子どもから学んだ物的環境の可能性は，次の環境構成に役立てられます。つまり保育者は，子どもたちから物的環境のもつ可能性を学んでいくことによって，よりよい環境構成を行うことができるようになるのです。

　このことを踏まえると，幼児教育・保育という営みは，保育者が子どもたちを育てる実践であると同時に，保育者が子どもたちから物事の捉え方を学びとる機会でもあるといえるのではないでしょうか。こうした関係性を十分に理解した上で，日々の保育実践を捉えていくことが，保育者に求められていることだと思われます。

> (演習問題)
>
> (1)　身近にある事物を3つ選び，その事物がもっているアフォーダンスを2つ以上考えてください。
> (2)　身近にあるシグニファイアを，3つ以上探してください。
> (3)　第3節の事例を読んで考えたことをまとめてください。

引用・参考文献

高山静子（2014）『環境構成の理論と実践――保育の専門性に基づいて』エイデル研究所。

瀧薫（2018）『新版　保育とおもちゃ――発達の道すじにそったおもちゃの選び方』エイデル研究所。

山本一成（2019）『保育実践へのエコロジカル・アプローチ――アフォーダンス理論で世界と出会う』九州大学出版会。

Norman, D. A. (2013) *The Design of Everyday Things* (Revised and Expanded Edition), Basic Books（岡本明・安村通晃・伊賀聡一郎・野島久雄訳（2015）『誰のためのデザイン？（増補・改訂版)』新曜社).

第5章
子どもの育ちと人的環境

幼児教育・保育では，一般的には授業がない代わりに，「環境を通して行う教育」が行われています。子どもたちがのびのびと生活できる環境の中で，子どもたちの育ちを援助することが幼児教育・保育の特色ですが，環境は身の回りにあるモノだけを指しているわけではありません。子どもの周りで生活している人もまた，子どもたちにとって大切な環境の一部といえます。本章では，身の回りにいる人と子どもの育ちとの関係をみていきましょう。

1 子どものコミュニケーション能力

はじめに，幼児期の子どもが人と関わる上で，どの程度のコミュニケーション能力をもっているか，確認しておきましょう。

1．自分と他者

幼稚園教育要領の第2章には，領域のねらいと内容について書かれています。人間関係の項目をみてみると，「幼稚園生活を楽しみ，自分の力で行動することの充実感を味わう」ことがねらいの一つとして設けられています。ところで，「自分」というものは子どもたちにとってどのようなものなのでしょうか。

子どもの自我は，一般的に2～3歳くらいに芽生えるといわれています。2～3歳児は，大人からの働きかけに対して「いや」と頻繁に言うようになるので，この時期は「いやいや期」とも呼ばれます。大人からの働きかけに「いや」と応えることは，大人とは違う「自分」を子どもなりに確かめているからであり，この時期の子どもは自分でやり遂げることや自分の名前にこだわりを示すようになります。一方で，自我が芽生えてから6～7歳頃になるまで，子どもは「自分」を中心にしてしか物事を考えることができないと考えられてきました。

たとえば，図5-1を見てください。心理学者のピアジェ（Piaget, J.）は，A～Dそれぞれの地点に人形を置き，A～D地点から見える風景を絵に描いて子どもに見せ，それぞれの人形にはどのように3つの山が見えているかを質問しました。その結果，4～5歳の子どもは，人形がどこに置かれていても自分から見える風景の絵の

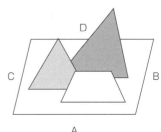

図5-1　ピアジェの3つ山課題
出典：筆者作成。

ように見えると答えました。

　これは，自己中心性と呼ばれる子どもの思考の特徴ですが，つまり幼児期の子どもは自分以外の人間の考え方や感じ方を理解することが苦手であると考えられてきました。しかしながら，このピアジェの実験結果は今日では部分的に否定されています。その中でも有名なものに，「サリーとアン課題」と呼ばれる実験があります。

〈サリーとアン課題〉

・サリーとアンは部屋で一緒に遊んでいる。

・サリーはボールをかごの中に入れて部屋から出ていく。

・アンはサリーがいない間にボールをかごから別の箱へ移す。

・部屋に戻ったサリーがボールを探すとき最初にどこを探すか？

　正しくは，「かごの中」です。なぜなら，サリーはアンがかごから別の箱へボールを移しているのを知らないからです。もし，幼児期の子どもが自己中心的であるならば，「箱の中」と答えるでしょう。なぜなら，自分はアンがかごから別の箱へボールを移しているのを知っているからです。実際に4歳未満の子どもであればそのように答える傾向があるようですが，4歳以上になると正答率が高くなることが報告されています。つまり，4歳頃を境にして子どもは他者の視点に立った考え方が可能になり始めると考えられます。こうしたことから今日では，幼児期の子どもでも他者の考えや気持ちをある程度は適切に理解することができるとみなされています。

2．イメージする力

　ところで，他者の考えや気持ちを理解するというのは，口で言うほど簡単なことではありません。なぜなら私たちは，他者が何を考えているか，直接見たり聞いたりすることができないからです。あくまで私たちは，相手の動きや声を手がかりに相手の考えや気持ちをイメージすることで，その相手に対する理解を深めていくわけですが，このイメージする力はどのようにして身につくのでしょうか。

　幼児期の子どもの遊びの中で，見立て遊び（ごっこ遊び）は代表的なものだと思いますが，見立て遊びはイメージする力を育む上でとても大事な意味をもっています。たとえば，ままごと遊びをするとき，子どもが砂や落ち葉をご飯やおかずに見立てる光景をよく目にします。また，お母さん役やお父さん役を演じている子どもが，ビニール袋やお菓子の

箱といった廃材を使ってエプロンや仕事用のカバンを作り，それらを身につけながらお母さん役・お父さん役として見立て合う光景もよく目にします。幼児期の子どもはまだ，言葉だけで何かをイメージすることに難しさを感じることも多いのですが，具体物を使って見立て遊びをすることで，目の前に存在しないものを理解しようとする力を育んでいます。すでにイメージする力が発達している大人からみれば，子どもの見立て遊びは退屈なものにみえるかもしれませんが，子どもたちは様々なものを見立てる中で，自分の身の回りにあるモノや人について学んだり，ときには創造性を育んだりしています。そのように考えると見立て遊びは，人間のコミュニケーション能力の基礎をつくるといえるでしょう。

2　人的環境としての子ども

　前節では，幼児期の子どもが一般的にどの程度のコミュニケーション能力をもっているのかについて確認しました。そのことを踏まえた上で，本節では子ども同士の関わりについてみていきましょう。

1．共有されるイメージ

　幼稚園教育要領によると，「社会生活における望ましい習慣や態度を身に付ける」ことも，人間関係という観点から子どもの育ちを考える上で重要なものとして考えられています。たしかに自分の個性は大事ですが，一方でこの社会には自分以外の多くの人が生活しています。だからこそ私たちは，社会におけるルールを学ぶ必要があるわけですが，上でも述べたとおり，幼児期の子どもはまだ言葉だけで何かをイメージすることは苦手です。では，子どもはどのように社会生活における望ましい習慣や態度を身につけているのでしょうか。

　この点を考えていく上で，先ほどの見立て遊びの話をもう一度思い出してください。たとえば，ままごと遊びでお母さん役をする A さんという子どもがいたとき，A さんは自分のお母さんをモデルにして遊びに取り組むでしょう。そこで第一に重要となるのが，A さんは自分のお母さんと過ごしてきた経験の中から，「お母さん」らしいふるまいを選択しているということです。そして第二に重要となるのは，A さんのお母さんは，実際にはその他の子どものお母さんではありません。したがって A さんのふるまいは，A さんのお母さんだけにしか当てはまらないかもしれません。それでも，ままごと遊びに参加する子どもたちは，A さんのふるまいを「お母さん」のものとして受け止めることが

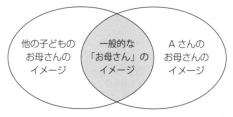

図5-2 「お母さん」のイメージ

出典：筆者作成。

できます。

　ままごと遊びをはじめてする子どもは，自分のお母さんしか知らないので，その真似をするしかありません。そして繰り返される遊びの中で，自分のお母さんと他の子どものお母さんとの共通点や違いを感覚的につかんでいき，やがて子どもたちの間に一般的な「お母さん」のイメージができあがります（図5-2）。つまり，子どもは他の子どものふるまいを見聞きする中で，物事の一般的なイメージを学んでいるといえます。言い換えると，子どもが一般的知識について学ぶとき，他の子どもがそのための環境となっているということです。

　幼児教育・保育の場は，多くの場合，人間がはじめて経験する社会的な場です。家庭では最大限に尊重されてきた子どもたちが，そこでは様々な不自由を経験するでしょう。しかしそれは同時に，他者とともに生活するための方法を学ぶ機会でもあります。自分の経験と他者の経験を調整しながらイメージを共有するということは，社会を生きる上で重要な姿勢であるかと思いますが，共有されるイメージの内容についてはもう少し慎重に考えなければなりません。この点は，後ほど説明します。

2．子どもの常識

　「身近な人と親しみ，関わりを深め，工夫したり，協力したりして一緒に活動する楽しさを味わい，愛情や信頼感をもつ」こともまた，人間関係という観点から幼児期の育ちを考えたときに大事なことだと幼稚園教育要領には書かれています。そして，同じ幼稚園の中で生活する子ども同士は，互いに最も多く関わる家族以外の身近な他者であり，子どもたちは子ども同士の関わりを通して自分たちのイメージを共有していきます。この場合の「自分たちのイメージ」は，常識と言い換えてもかまいません。しかしながら，その常識はあくまで子どもたちの間の常識になります。そしてそれは，ときとして大人の意図せぬ形で共有されることがあります。

　ある幼稚園の年長クラスでは，「園にあるおもちゃはみんなで仲よく使いましょう」というルールがありました。ある日，アイコちゃんとカナちゃん（ともに仮名）がおもちゃの取り合いをしてケンカをしました。ケンカの理由についてはアイコちゃんが言うには，「カナちゃんがいっぱいおもちゃを取っていったから」であり，実際にカナちゃんの方が多くのおもちゃを使っていました。「お話しなくちゃダメなんだよ」と一

生懸命アイコちゃんは語りかけるのですが，アイコちゃんは少し気が強い子どもで，言い方も強かったのか，カナちゃんは泣き出してしまいました。すると，それを見つけた他の子どもたちが，カナちゃんを慰めるためにかけつけます。そして，アイコちゃんとのケンカでカナちゃんが泣いたことがわかった他の子どもたちは，アイコちゃんに「あやまらないといけないんだよ」と呼びかけるようになりました。そうなると，アイコちゃんは「ごめんね」と言うしかなかったのでしょう。

　これは実際に筆者が目撃した光景で，幼稚園では似たようなことがよくあります。さてこの場合，どうすべきだったのでしょうか。アイコちゃんはたしかに自分がおもちゃを十分に使うことができなくて悔しかった思いもあるのでしょうが，無理やり取ろうとはしていません。あくまで，クラスのルールにしたがって話し合いをしましょう，と呼びかけていただけです。しかしその言い方が，カナちゃんにはこわかったのかもしれません。カナちゃんは泣き出してしまいました。

　このクラスの担任保育者は，「お友だちが泣いちゃったら，なんで泣いているのかを聞いてあげて」「嫌なことがあって泣いちゃったときは，何が嫌だったのか言わないとお友だちもわからないよ」といった声かけをよくしていました。その背景には，年長児クラスのねらいとして，自分の考えや気持ちを友だちに言葉で伝えること，があったからだと思います。しかし，子どもたちにとっては「泣かせる」という行為はきわめて重要だったのでしょう。それまでのケンカには何ら見向きもしなかった子どもたちが，泣いているカナちゃんを見つけるや否や集まり始めたからです。そうなると話し合いどころではなく，クラスのルールを守って行動をしていたアイコちゃんですが，子どもたちの社会の中では謝らなければならない立場に追いやられてしまいました。

　このように考えると，共有される常識と社会生活における望ましい習慣や態度は，必ずしも同じものではないかもしれません。子どもたちの間では「泣かせる」ことは重罪であり，アイコちゃんもそれがわかっているからこそ，反論せずに謝っていました。しかしそれは同時に，公共物を使用するためのルールについて学ぶ機会が失われたことも意味します。多くの日本の保育者は，子ども同士でケンカが起きた場合，ケガをする可能性が低ければ，すぐには介入せずに様子をみます。なぜならケンカは，子どもにとって自分と他者が違う考え方や感じ方をしていることを知るための機会だからであり，その解決方法を探る過程で社会性が育まれるからです。しかし，アイコちゃんとカナちゃんのケンカの話を振り返ると，ときには積極的に介入すべき場面もあるかもしれません。

3．子どもの文化

　こうしてみると，子どもたちの常識は好ましくない方向に働くようにみえるかもしれません。しかし，大人の意図せぬ形で共有されるということは，ときとして大人が想像しないものをみせてくれるかもしれません。

　日本の幼児教育・保育における定番の遊びの一つに，泥団子づくりがあります。泥団子とは字のごとく泥でつくられる球体のことで，泥団子の教育的効果として，手先が器用になったり，集中力を養うことができたり，作品づくりの達成感を味わったり，土や水の感覚を直観的に把握することで後の理科教育の基礎となったり等々，が挙げられます。いずれにせよ日本の幼児教育・保育では，泥団子づくりが実践に取り入れられることはよくあります。

　前項で紹介した幼稚園でも，泥団子づくりは取り入れられていました。そこで筆者が気になったのが，子どもたちの泥団子のつくり方に同じような傾向がみられたことです。図5-3をみてください。その幼稚園の園庭を簡単に示したもので，丸囲み数字と矢印はある子どもの泥団子をつくる動線を示したものになります。①は球体の芯をつくるための泥がある場所で，この幼稚園の泥団子づくりはここから始まります。そして②〜⑦は乾いた砂をかけて球を固める工程になります。筆者が気になったのはこの点で，場所や回数には個人差がありますが，どの子どももほぼ必ずといってよいほど同じ場所で作業をせず，園庭の端を動き回ります。園庭の真ん中は他の子どもが遊んでいるので，泥団子づくりをするときは端でするように保育者から指示はされていましたが，子どもたちに与えられるのはこの指示のみになります。そしてさらに興味深いのは，筆者の手元にある泥団子づくりの絵本では，球を固める工程はここまで細分化されていないということです（図5-4を参照）。

　この幼稚園には，時折「泥団子名人」と呼ばれる子どもが誕生します。筆者

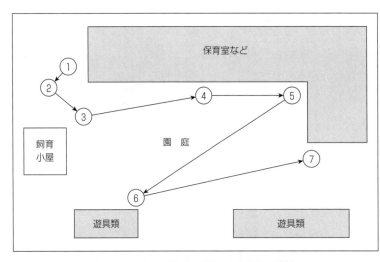

図5-3　ある子どもの泥団子づくりの動線

出典：筆者作成。

はその子どもに弟子入りして,
一緒に泥団子づくりをしてみ
ました。そのときに,なぜこ
んなにいろいろな場所に動い
て乾いた砂をかける必要があ
るのかを尋ねてみました。乾
いた砂には「さらさらの砂」
と「ふわふわの砂」の2種類
があって,それはいつも同じ
ところにあるわけではないか
ら,とのことでした。素人で
ある筆者では,乾いた砂の区
別は残念ながらできなかった

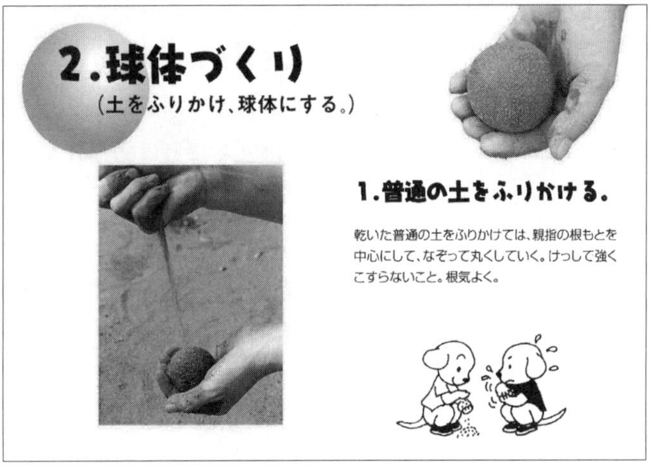

図5-4　球を固める工程について

出典：加用文男監修（2001）『光れ！泥団子——普通の土でのつくりかた』講談
　　　社,6頁。

のですが,子どもたちは「泥団子名人」のつくり方を真似し,園庭の端
を渡り歩く泥団子づくりが引き継がれているのでしょう。

　ここで重要なのは,「さらさらの砂」と「ふわふわの砂」が本当にあ
るか否かではなく,その2つが本当にあると子どもたちに信じられてい
る点であり,そして実際に子どもたちの泥団子づくりに影響を与えてい
る点になります。この点に関連して,社会学者のサックスは,「完全に
文句のつけようがない子ども文化というものが存在する。すなわち,子
ども文化独自の創造物や歌やゲームなどをもち,信じがたいほど安定し
た文化が存在する」(サックス,2004：28)と述べています。つまり,そ
こには子どもたちの文化がつくられている可能性があり,そしてそれは
決して子どもだましではない可能性があるということです。そう考える
と,「泥団子名人」は,私たち大人が教えるのとは異なったやり方で,
子どもたちの創造性を育んだり,感受性を豊かにしているのかもしれま
せん。

③　人的環境としての保育者

　前節では,子ども同士の関係の中での育ちについてみていきました。
最後に,幼児教育・保育の場で生活する子どもにとって,もう一人の身
近な他者である保育者との関わりについてみていきましょう。

1．子どもの文化をつくる担い手

　「泥団子名人」の話をしたときに,子どもの文化の存在についてふれ

ました。たとえば，秘密基地をつくったり，きれいな石や貝殻を集めたり等の，私たち大人はあまり行うことがないけれど，子どもたちは嬉々として行う出来事をみると，子どもたちには独特の世界観があるのだろうと思いをはせることはあります。しかし，幼児教育・保育の中でこの点について考えていくと，子どもの文化の話は少し複雑になっていきます。

　幼稚園はフレーベルの思想をもとにつくられている，ということが第1章で述べられていました。「子どもの庭」としての幼稚園は，自然の中での学びが尊重されていましたが，一方で「子どもの庭」の中にある自然は，教育者によってつくられる人工的な自然であることは知っておく必要があるでしょう。しかしこれは，幼稚園での学びが不純なニセモノだと述べているわけではありません。幼稚園の自然の中には，子どもの成長に対する保育者の願いが散りばめられているということを述べているのであって，つまり幼稚園でつくられる子どもの文化には保育者の願いも含まれているということを述べています。具体的にみていきましょう。

　「名人」という言葉は，筆者が経験してきた限りにおいてですが，子どもが自然に身につける言葉ではありません。この言葉は，大人が子どもの際立ったふるまいを褒める際に使われる言葉です。

　さて，上で紹介した幼稚園の保育者に，なぜ泥団子づくりを子どもに勧めるのかを聞いてみると，水や土の手触りを通して感受性を育みたい，きれいな泥団子をつくることで満足感を味わってほしい，という趣旨の答えをもらうことができました。これが，この幼稚園の泥団子づくりという遊びの中に散りばめられた保育者の願いです。筆者は，保育者が「泥団子名人」の子どもに泥団子のつくり方を教えてもらっている風景を何度も目にしましたが，それもこうした願いを達成させるための働きかけの一つだったのでしょう。筆者がその幼稚園に行き始めたときはすでに「泥団子名人」が誕生した後でしたが，それに至るまでの間に保育者による数々の働きかけがあったはずです。

　幼児教育・保育には授業がなく，遊びを中心とした教育方法が中心となるため，かなり自由な印象をもっている人もいるかもしれません。しかし幼稚園も学校であり，したがって幼稚園で行われる教育も学校教育[3]の一種である限り，幼稚園教育要領に則った形で幼児教育・保育を構想することが求められます。幼稚園教育要領の総則には，幼稚園教育の「具体的なねらい及び内容は，幼稚園生活における幼児の発達の過程を見通し，幼児の生活の連続性，季節の変化などを考慮して，幼児の興味

▷3　学校教育法第1条には，「学校とは，幼稚園，小学校，中学校，義務教育学校，高等学校，中等教育学校，特別支援学校，大学及び高等専門学校とする」と書かれている。

や関心，発達の実情などに応じて設定すること」と書かれています。つまり幼稚園教育のねらいや内容は，そのときその幼稚園で生活している子どもの実情に応じて設定される必要があり，その際に保育者が子どもをいかに理解するかが重要になってきます。その結果，子どもとの日々の生活を通して「こうなってほしい」という願いが具体化されたものが，幼児教育・保育のねらいや内容として示されることになります。幼稚園に在籍するすべての子どもの生活を実り多きものにするため，保育者は子どもの文化に入り込み，その中で子どもたちとともに生活しながらその手立てを模索していくのでしょう。

2．子どもの文化と大人の社会の橋渡し

　これまでの話を振り返ってみると，子どもは大人と比べて言葉を使うことについては未熟ですが，それでも幼稚園に通う年齢くらいの子どもであれば，自分たちでルールを理解し，具体物や出来事を通してルールを共有する程度のコミュニケーション能力は身につけています。その結果，大人が期待するものとは異なるふるまいをしたり，反対に大人の想像を超えるものを生み出したりするため，そこに保育の難しさと面白さを見出すことができると思います。しかし一方で，子どもはやがて私たちのように大人になるという事実を忘れてはいけないようにも思います。

　改めて幼児教育・保育では，子どもが「社会生活における望ましい習慣や態度を身に付ける」ことをねらいの一つに設定していることを思い出してください。この場合の「社会生活における望ましい習慣や態度」とはどのようなものでしょうか。この点を考える上で，改めて先ほどのアイコちゃんとカナちゃんのケンカの話は参考になるでしょう。おもちゃの取り合いをする中で，アイコちゃんはカナちゃんを泣かせてしまい，そしてアイコちゃんはカナちゃんを慰める他の子どもたちから謝罪を強いられました。結果的に，アイコちゃんとカナちゃんは仲直りをすることができた（させられた）ため，子どもだけで問題解決をしたといえるのかもしれませんが，果たしてそれでよかったのでしょうか。

　先ほど，日本の保育者は子ども同士のケンカを見守ることが多いと述べました。なぜならケンカは，子どもが他者の考え方や感じ方を学ぶための機会だからです。それならば，泣かせたから謝って終わりではなく，それをきっかけにして問題について考える場が生まれることが大事なのではないでしょうか。たとえば，なぜカナちゃんは泣いてしまったのか，アイコちゃんの言っていることは意地悪だったのか等々，様々なことについて考えてみることが必要だったのではないでしょうか。保育者の役

▷4　学校教育法第26条には「幼稚園に入園することのできる者は，満3歳から，小学校就学の始期に達するまでの幼児とする」と書かれている。

53

割の一つはそこにあり，子どもたちが自分たちで対話の時間を生み出すことができるまでは，粘り強くケンカを見守り，ときとして介入をしなければならないこともあるでしょう。

　「社会生活における望ましい習慣や態度を身に付ける」ということは，たとえば「泣かせることが悪い」といった特定の価値観を教え込むことではありません。実際に，私たちの社会には多様な価値観をもつ人々がともに生活しているため，一つの価値観を押しつけて生きていくことは現実的ではないように思います。そうならば，同じ人間同士であったとしても様々な考え方があり得るということを子どもとともに考えていくことも，保育者の役割として重要であるかと思います。保育者は，子どもの文化の中で生活をしていますが，同時に大人の社会で生きている存在でもあります。こうした2つの社会を生きている年長者として，子どもの文化と大人の社会を橋渡しすることもまた，保育者だからこそできることでしょう。

3．遊ぶ保育者

　これまでの話を踏まえると，幼稚園で生活をする子どもたちにとって保育者という存在は，子どもたちが社会についてより深く学ぶ上できわめて重要な役割を担っていることがわかります。子どもたちが日々の生活の中で経験する様々な出来事に対して，ときに見守り，ときに介入しながら，保育者は子どもたちの育ちを援助していくわけです。その意味で，保育者もまた子どもにとっての人的環境の一つといえるでしょう。

　その際，これまで暗に示してきましたが，ここで改めて幼児教育・保育は遊びを中心とした教育活動であることを強調しておきたいと思います。保育者は，幼児教育・保育の場における子どもの文化の中で生活をしています。つまり，そこで遊んでいるのは子どもだけではなく，保育者もまたともに遊んでいるのです。保育学者であると同時に保育者でもあった津守真は，「本気でつき合ってくれる人でないと思うと，子どもも私に本心をあらわにしない」（津守，1987：118）と述べています。さらに，「保育者と子どもとの関係は日常的で，保育者は子どものそばから離れることはできない。これは意志によって結ばれる関係ではなくて，もっと運命的な関係である」（津守，1987：119）とも述べています。

　たとえば，「大人」が「親」になるとき，常に「子ども」という存在と関係が結ばれています。運命的な関係とはこのようなものであり，「親」と「子ども」の関係は，「よし今日は親になるぞ」といった意志によって結ばれるものではありません。津守によれば，保育者と子どもの

関係も同じようなものとなります。つまり，「○○を身につけさせる」という意志をもって子どもと接するというよりは，子どもとともに生活する中で，子どもとの間に浮かび上がったテーマをもとに幼児教育・保育を行う必要があると津守は考えました。そのため，「本気でつき合う」ということは，ともに生活し遊ぶということでもあります。

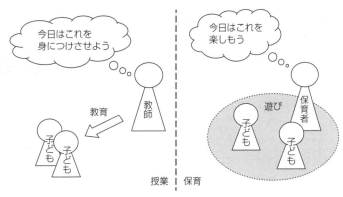

図5-5　授業と保育の教育方法のイメージ
出典：筆者作成。

　このことは，幼稚園教育要領の人間関係のねらいの一つである「身近な人と親しみ，関わりを深め，工夫したり，協力したりして一緒に活動する楽しさを味わい，愛情や信頼感をもつ」こととも密接に関わっています。保育者もまた，子どもたちにとって身近な人的環境として，一緒に活動する楽しさを共有することで，子どもとともに育ち合うという視点をもつことが重要だといえるでしょう。

演習問題

(1)　幼児期の見立て遊びの重要性について説明してください。
(2)　子どもは身近にいる他の子どもと関わる中で社会性を身につけますが，そのときに気をつけておくべきことを整理してください。
(3)　幼児教育・保育の場で生活する子どもたちにとっては，保育者もまた身近な他者の一人にあたりますが，保育者として子どもとともに生活しながら幼児教育・保育を構想する上で大事なことを整理してください。

引用・参考文献

サックス，H.（2004）「ホットロッダー——革命的カテゴリー」ガーフィンケル，H.ほか／山田富秋・好井裕明・山崎敬一編訳『エスノメソドロジー』せりか書房，21-40頁。

津守真（1987）『子どもの世界をどうみるか——行為とその意味』日本放送出版協会。

無藤隆・岡本祐子・大坪治彦編（2009）『よくわかる発達心理学（第2版）』ミネルヴァ書房。

第6章
子どもの育ちと社会的環境

　本章では，子どもの育ちを考えていく上で，子どもの周囲にある社会的環境に着目していきます。社会的環境は，文化や歴史，自然，人間関係など様々な事物を含み込みます。ここでは，社会的環境の中でも地域社会を中心に子どもの育ちを考えていきたいと思います。子どもの育ちを地域社会を通して捉えると，子どもにとって豊かな学びの場がみえてきます。

1　社会的環境の重要性

　「オオカミに育てられた子ども」の物語を知っている人は多いかと思います。

　1920年インドのコルカタ南西で発見されたオオカミに育てられたとされる2人の少女の物語です。キリスト教伝道師シング牧師に発見・保護されたアマラ（推定年齢1歳6か月），カマラ（7〜8歳）は，孤児院で保護されます。アマラは，その後一年ほどで亡くなってしまいますが，カマラは9年間生存したと記録されています。シング牧師らは，夜行性で四つ足で歩くといったオオカミに似たふるまいをみせる2人に人間的な社会に馴染ませるように働きかけていきます。その結果，カマラは，他の人間たちにも慣れ，直立歩行を覚えます。言葉も習得しますが，一方で数十程度の単語しか覚えることができなかったとのことです（シング，1977より要約）。

　これは，周囲の人間の働きかけによって人間的なふるまいを彼女らが習得する物語と捉えられる一方で，育った環境が異なる場合には，人は「オオカミ」にでもなるというような側面を表す物語としても捉えられました。今日において，この物語は，その事実の真偽に疑いの目を向けられていますが，人がいかなる環境で育っていくのかは，人間として成長していく上で非常に重要であるという認識は多くの人々に共有されていると考えられます。

　このように社会的環境とは，その土地の文化や人間関係，そして自然といった人間が生活する基盤となると同時に，一人の人間が成長していく基盤にもなっています。たとえば，私たちのコミュニケーションや思

考の道具である言語やその言語を用いた挨拶などは，同じ社会的環境の中で生活している他者とのやりとりの中で身につけます。また，食事の仕方や排泄の仕方なども，生まれ落ちた地域社会に適合する方法を周囲の大人たちの手助けを受けながら身につけていきます。そのように人間は，周囲の社会的環境に適合する形で徐々に成長していきます。以降では，子どもの育ちに関わる社会的環境について，地域社会を中心に据えながら，子どもたちにとっていかなる育ちや学びが存在するのかをみていきます。

2　地域社会と子どもの育ち

　まず，地域社会での育ちは，子どもたちにとって，どのような意味をもつのでしょうか。地域社会での学びを考えるための概念を紹介し，子どもと地域社会の関わりに関する言説を踏まえ，その意味を考えていきます。

1．子どもの学びに関する地域社会の位置づけ

　幼稚園などの教育と比較して，地域社会での子どもたちの育ちを考えていくと，地域社会の一員としての学びという側面がみえてきます。たとえば，挨拶の仕方（言葉や仕草など）などの地域社会での望ましい文化的なふるまいを習得することは，その地域社会のメンバーとして認められていくことにつながります。そのように地域社会で成長していくことは，その地域の文化を習得していくことと考えることができます。このような考え方を「文化化（enculturation）」と呼びます。

　文化人類学者のハースコビッツは，文化化を「人間が，幼い頃に，または年をとってからも，自分の文化に習熟していく学習過程」と定義しています。つまり，地域社会における成長とは，何か知識が受け渡されるということより，子ども自身がよりよく生きていくための方法を身につけて実際に行うことができるようになっていくこと，そして新たな文化的なアイデンティティを獲得していくことと関連しています。また，人間は，生まれ落ちた集団の生活様式を学習していく中で，「何が正しく，何が正しくないか，何が正常で，何が異常か，何が美しく，何がありきたりかといった，触れることのできないものまでを吸収し，物理的な世界に属する事柄さえも，文化化の影響下で解釈される」（Herskovits, 1948：77）といい，良し悪しや美醜の感覚も文化の影響下にあると述べています。つまり，人間の感じ方や行動原理は，その人が身を置く文化

の影響を大きく受けると考えられます[1]。

　このように子どもたちは，生まれ落ちたときから，その文化に触れな
がら，その社会の中でよりよく生きていく方法を体験的に学んでいると
いえます。地域社会は，文化化にみられるような，子どもの成長のため
の器となり得る場であると考えられます。

2．参加を通した学習のあり方

　前項では，「文化化」という過程を紹介しましたが，文化の習熟はい
かになされるのでしょうか。ここでは，地域社会での学びの特徴として，
活動に「参加」するという視点が重要になってきます。文化人類学者で
ある J. レイヴ（J. Lave）と発達心理学者である E. ウェンガー（E. Wenger）
は，世界のいくつかの学習場面の事例[2]を用いて，学校教育で行われるよ
うな教師による教授と子どもによる学習という組み合わせとは異なる学
習のあり方として「正統的周辺参加（legitimate peripheral participation）」
という考えを提示しています。彼らは，18世紀のヨーロッパの職人世界
にみられるような徒弟制度をモデルにし，その学習形態に着目していま
す。学習者がある活動に基づく共同体へ新たな参加者として参加し，そ
の共同体の熟練者への「模倣学習」などを通して「十全的参加（full
participation）」へと移行するという形の学習のプロセスを提示します
（Lave & Wenger, 1991＝1993）。

　たとえば，徒弟制度に代表される職人たちの「靴づくり」の工房の風
景を想像してみましょう。ここでは，熟練者である親方のもとで弟子た
ちが働きながら，靴づくりの方法を習得していきます。親方は，靴をつ
くるために必要な知識を学校の教師が生徒に伝えるように言葉の形で弟
子に伝達することはほとんどしませんが，自身の仕事の様子を見せるこ
とで伝達していきます。弟子もまた親方の仕事をする姿を見て徐々に靴
づくりの方法を獲得していきます。また，弟子はいきなり靴づくりをさ
せてもらうことはなく，工房の掃除から始まり，次に皮のなめしを任せ
てもらったり，周辺的な仕事をしながら少しずつできることを増やして
いきます。そして，最終的には「十全的参加」の状態である靴づくりを
任せてもらえるようになります。つまり，工房に参加するというように，
ある共同体の内部に参加することで学習が始まり，掃除・皮なめし……
靴をつくるというように，その共同体での役割，言い換えると参加の度
合いを変化させながら学習が進んでいきます。そこでは，共同体への参
加の深まりが，学習の深まりと重なる形で展開していくと捉えることが
できます。

　この「正統的周辺参加」の考え方は，地域社会で生まれた子どもが新しい参加者として，その地域社会の実践や人間関係に参加することによる学習という視点を提示してくれます。つまり，習俗や行事といった地域社会の活動に身を置くことがすでに学習の始まりと捉えることができます。第3節にて述べますが，地域社会には，生まれてきた子どもが緩やかに共同体に参加できる仕組みが伝統的に用意されていました。地域社会の中に存在している子どもの育ちを支える仕組みは，現在ではどのようになっているのでしょうか。

3．子どもを取り巻く課題

　みなさんは，地域社会の中で行われている行事に参加した経験や，地域社会の人々とふれあう経験を子どもの頃にどの程度培ってきたでしょうか。

　今日，子どもの「地域社会離れ」が社会の中で叫ばれて久しくなっています。少子化や都市化に伴う社会状況の変化やインターネットや携帯電話等の登場といった新たな技術革新に伴う遊びや生活時間の変化で，たしかに地域社会と子どもの関わりが希薄化していることは実感されます。

　中央教育審議会（2005）の答申「子どもを取り巻く環境の変化を踏まえた今後の幼児教育の在り方について」においても，地域の教育力低下という問題が提起されています。少子化，核家族化が進行し，子ども同士が集団で遊びに熱中し，ときには葛藤しながら，互いに影響し合って活動する機会が減少するなど，様々な体験の機会が失われています。また都市化や情報化の進展によって，子どもの生活空間の中に自然や広場などといった遊び場が少なくなる一方で，テレビゲームやインターネット等の室内の遊びが増えるなど，「偏った」体験を余儀なくされている現状も挙げられています。さらに，子どもの環境の変化だけではなく，周囲の大人たちの変化として，「人間関係の希薄化等により，地域社会の大人が地域の子どもの育ちに関心を払わず，積極的にかかわろうとしない，または，かかわりたくてもかかわり方を知らない」という傾向がみられると報告されています。

　現在では，このような状況に対して，地域社会と子どもの関わりをいかにして実現するかが，教育の中で課題として挙げられています。では，地域の教育力の低下に保育者としてどう向き合ったらよいのでしょうか。

4．子どもの育ちに対する地域社会の意味

　幼稚園教育要領の総則「社会生活との関わり」においては，「家族を大切にしようとする気持ちをもつとともに，地域の身近な人と触れ合う中で，人との様々な関わり方に気付き，相手の気持ちを考えて関わり，自分が役に立つ喜びを感じ，地域に親しみをもつようになる。また，幼稚園内外の様々な環境に関わる中で，遊びや生活に必要な情報を取り入れ，情報に基づき判断したり，情報を伝え合ったり，活用したりするなど，情報を役立てながら活動するようになるとともに，公共の施設を大切に利用するなどして，社会とのつながりなどを意識するようになる」と地域社会と関連した教育活動の指針が述べられています。ここでは，子どもは自分の地域社会とつながりや親しみをもつことの大切さが挙げられています。教育活動においては，その地域での体験的な関わりの重要性が示されているように，実際の地域で行われる行事に参加したり，地域の大人たちに話を聞いたりというように，子ども自身がその取り組みに主体的に参加し，生活に取り入れていくことが望ましいと考えられます。

　私たちの身の回りの地域社会に少し足を伸ばしてみると，様々な育ちの機会が提供されていることに気づきます。たとえば，近所に住むおじいちゃん，おばあちゃんに昔の話を聞いたり，近くの公園で虫取りをしたりといったような経験をしたことがある人は多いのではないでしょうか。地域社会では海や山といった自然に触れたり，お祭りや習俗といった独自の文化や伝統に触れたり，また世代や国籍の違いによる異なった文化や歴史等に触れたりすることができます。これらに幼児期から親しみをもつことができるようにすることで，自然や身の回りのモノを大切にする態度や，社会とのつながりの意識を育んだり，多様性を尊重する態度を育てたりすることができます。つまり，地域社会は，子どもたちの育ちに対する「学習資源」（学習の機会・素材）の宝庫なのです。そのような地域社会の学習資源を，保育者が幼児教育・保育の実践に利用することで，子どもの育ちの効果も上がり，またそれと同時に地域の教育力の向上にもつながるという相乗効果も期待できます。

③　地域社会に根づく民衆カリキュラム

　幼稚園教育要領の領域「環境」において，「日常生活の中で，我が国や地域社会における様々な文化や伝統に親しむ」ことが記されています。

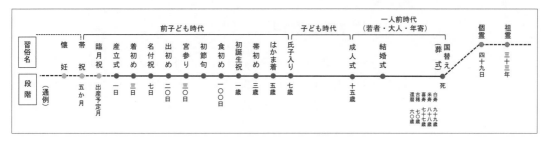

図6-1　近代以前の人生に関わる習俗

出典：鶴見和子ほか（1983）『民衆のカリキュラムと学校のカリキュラム』新評論，10-11頁を一部改変。

この文化や伝統については，「正月や節句など我が国の伝統的な行事，国歌，唱歌，わらべうたや我が国の伝統的な遊びに親しんだり，異なる文化に触れる活動」という例が挙げられており，そのことを通じて「社会とのつながりの意識や国際理解の意識の芽生えなどが養われるようにする」と書かれています。

1．伝統的な地域社会における育ちのためのシステム

　地域社会において，習俗や行事は子どもの育ちにとって重要な機会となっていました。日本における伝統的な地域社会において，子どもたちは，「こういうときにはこうする」あるいは「こうしてはいけない」というような，生活における価値判断を地域社会の習俗や行事といった活動に参加することを通して学習していたとされています。つまり，文化化を促すものとして，習俗や行事は欠かせないものとなっていました。

　近代以前の地域社会においては，人生の節目ごとに習俗や行事が準備されており，個人は適切な段階でそれらの習俗を通過することで，周囲から成長を認められながら，徐々に共同体の中で「一人前」になっていく道がありました。図6-1は，習俗の一例を挙げたものです。子ども時代には「子供組」，さらに「若者組」といった組織があり，協力関係のある仲間集団を地域社会の中で形成しながら，大人への道を進んでいたとされています。

　宮参りや初節句，食初め，成人式などは，現代でも形を変えながら行われていることが散見されますが，入学式，卒業式，入社式など学校や仕事に関わるものへと重点が移ってきているのではないかと考えられます。このような状況の中で，子どもの育ちのための仕組みを地域社会の中に再び取り戻すことよりも，学校や家庭・地域社会が連携しながら子どもの育ちの仕組みを再構築していくことが重要でしょう。

▷3　近代以前の日本の地域社会において，「七つまでは神のうち」という考え方があった。0～7歳くらいまでは，まだ人間として不安定な状態であると考えられ，行事や習俗を用いて人間として安定していくことを助ける意味が込められていた。

61

2．様々な伝統行事

　一年の行事をみていくと，正月や節句，お盆など，様々な伝統的な年中行事が現在でも行われています。たとえば，1月は新年の始まりであるお正月。大晦日に除夜の鐘を聴き，お餅つきをしたり，正月遊びの凧揚げをしたり，七草粥を食べたりした思い出があるのではないでしょうか。3月には雛祭り，5月には端午の節句，それぞれ子どもの育ちを祝い，またこれからの健やかな育ちを願うものです。雛人形や鯉のぼりを家庭や園で飾ってあるところも多いのではないでしょうか。7月は七夕があり，笹の葉に短冊を下げて願い事をします。8月は，各地域社会で夏祭りや盆踊りが行われます。それぞれの地域がどのような環境で生活をしているのかによって形は様々ですが，それらには先祖への供養や豊穣の願いなどが込められています。10〜11月には収穫を祝うお祭りがなされます。地域住民で集まり，神社などに奉納をし感謝を示す行事が行われます。

　上にみてきたように，私たちは一年を通して様々な行事を体験しながら，季節の移り変わりを感じるとともに日々の活力を養っていきます。子どもたちにとっても，これらの行事は非日常感の漂うワクワクした気持ちにさせられるものではないでしょうか。

3．事例の紹介——「さげもん」習俗など

　ここで，筆者の調査した2つの習俗を具体的に紹介し，子どもたちへの行事のもつ意味について考えたいと思います。

【事例1　福岡県柳川市の「さげもん」習俗】

　福岡県の柳川市では，雛祭りの時期に「さげもん」と呼ばれる習俗があります（写真6-1）。これは，通常の雛人形に加え，地域の伝統手工芸の柳川毬と手芸細工からなる華やかな「吊るし飾り」が合わさって飾られる伝統的な習俗です。2〜3月の時期になると地域独特の行事の景色がみえます。

写真6-1　さげもん習俗
出典：筆者撮影。

　この習俗の特徴は，初節句（誕生して初めての節句）の家庭に，その誕

生の祝いと健やかな成長を
願って，親戚や近所の家から
贈られるというものです。贈
られる吊るし飾りは，昔は家
庭の中で手作りされていまし
たが，現在では地元の婦人会
やシルバー人材センターなど
で製作され，販売会などで購
入されることが多くなってい
ます。作り手の多くは地域の

写真6-2　お雛様始め祭り
出典：筆者撮影。

高齢の女性たちですが，「自分自身の子どものときに飾りを贈ってもらい，
飾ってもらった」経験があるというように，子どもの頃は祝われる立場
だった大人たちが，大人になってその経験を生かして祝う側に回る習俗の
継承の形があります。いわば，生まれてきた子どものために周囲の大人た
ちが中心となり，その誕生を地域社会のみんなで祝う風土が習俗を通して
根づいているといえます。

　今日では観光の資源として着目されていますが，そのような状況に合わ
せて現代的なアレンジも加えられ，子どものお祝いとしての性格を保持し
たまま，新しい行事も生まれています。たとえば，「お雛様始め祭り」（写
真6-2）という子どもたちが山車に乗って市内を巡る取り組みもなされ
ています。煌びやかな衣装と相まって，子どもを参加させたがる親たちも
多いといいます。また，市内の幼稚園・保育所や小学校などで，郷土教育
の一環として，さげもん作りを取り入れている学校等も出てきています。
ここには，時代に合わせて形を変えながら続いていく文化のもつ柔らかさ
が感じられます。

【事例2　福岡県糸島市高祖地区の取り組み】

　福岡県糸島市高祖地区で行
われる高祖神楽は，500年以
上の歴史をもつ民俗芸能です。
4月と11月の年に2回，それ
ぞれ収穫の祈願と感謝の意味
が込められ，神社境内で奉納
舞が行われます。この中の男
児が参加する舞（「子ども神
楽」）が3番，女児が参加す
る舞（「稚児舞」）が1番，合
計4つの舞で子どもたちが舞

写真6-3　子ども神楽
出典：筆者撮影。

い手として舞台に上がっています（写真6-3）。参加する子どもは，地区
に住んでいたり，地元の幼稚園に通っています。公民館や幼稚園で，大人

▷4　高祖地区では，大人
の舞い手が，地元小学校の
郷土学習の一環で先生とし
て教えに行くという取り組
みもされている。地域社会
の行事や民俗は，子どもた
ちに地域を知ること，愛着
を形成することといった側
面で学習教材として活用さ
れている現状がある。

の舞い手から稽古を受けて、お祭りの日に披露されます。実際に舞台で舞っている間は、地域の大人たちが温かな目で見守っており、「うまく舞えたね」と一緒になって喜んでいる様子が見受けられました。また見物にきた子どもたちも神楽にじっと魅入る様子がうかがえます（写真6-4）。

写真6-4　神楽を見つめる子どもたち
出典：筆者撮影。

　この地区では、元旦には子どもたちと大人が集まり、地元の山に初日の出の登山が行われたり、8月のお盆には子どもたちが笛や太鼓を用いて地区の家々を回り先祖供養と安寧を願う行事が行われています。このように一年の中で子どもが主役の行事が用意されていて、そのことにより地域社会に積極的に参加し、地域の文化が次世代を担う子どもに引き継がれていく様子をみることができます。

4．伝統行事のもつ意味

　事例をもとに子どもの育ちへの伝統行事に参加することのもつ意味を考えていきます。大きく以下の4点になります。

①生活への変化と活力

　まず、伝統行事は子どもの生活にとって変化や活力を与えるという点が考えられます。たとえば、柳川では雛祭りの時期に地域社会や家庭に吊るし飾りが下げられ生活に彩りを与えてくれます。また、高祖地区では4月・11月のお祭りを楽しみにしている子どもたちがいます。みなさんも子どもの頃に行事を楽しみにワクワクしたり、地域社会がいつもとは違って新鮮に見えたりした経験があるのではないでしょうか。幼稚園教育要領の総則では、「行事の指導に当たっては、幼稚園生活の自然の流れの中で生活に変化や潤いを与え、幼児が主体的に楽しく活動できるようにすること」と掲げられていますが、伝統行事が、日常を生きる子どもたちに変化を感じさせたり、生活に活力を与えるような魅力的な経験になっていることは十分に想像することができます。

②地域社会の人間関係の構築

　次に、伝統行事を通して、学校や幼稚園（以下、園）とは異なる人間関係が形成されるという点です。近代以前の地域社会においては、「子供組」「若者組」といったように異年齢の子どもたちの人間関係をつく

り，その中でともに学んでいく仕組みがありました。伝統行事への参加も学年に縛られない子ども同士の交流を生み出しています。上述した事例でもみられるように，行事の中ではおじいちゃんやおばあちゃん世代を含んだ幅広い世代の地域社会の大人たちとの出会いも生じます。子どもたちにとっては，カリキュラムに載っていないような地域の歴史や生き方を学ぶよい機会になっています。

③地域社会の実践的な学び

　また，伝統的な行事への参加の経験が地域社会で生活する者としての実践的な学びにつながっていくという点も考えられます。伝統行事には，様々な学びの機会が含まれています。たとえば，神楽に参加する子どもたちは，神楽という芸能の中に込められた歴史や教訓に触れます。また神社へのお参りの仕方を大人たちから教えてもらうなど，地域社会での作法についても習得している様子がうかがえました。柳川の「さげもん」においては，吊るし飾りを作る手伝いを子どもの頃から行い，手芸の技術を学ぶ機会になっています。また，吊るし飾りに込められた先人の想いを知ること，自分自身の誕生への周囲の祝福などを感じる機会にもなっています。これらは，テキストを用いて形式的に学ぶ知識というより，長年地域社会で経験的に培われてきた「知恵」といえるものでしょう。多くの実践的な学びが散りばめられていて，それを子どもたちは経験を通して体得していくのです。伝統行事を体験して終わりではなく，子どもが主体的にその経験を生活や遊びの中に取り入れていくことで，日常がより豊かになっていくという視点は重要となります。

④地域社会の子育てネットワーク

　最後に，伝統行事は，地域社会に子どもの育ちを支える文化的な基盤を形成していく点が挙げられます。たとえば，柳川市の「さげもん」では，伝統行事を通じて，子どもの健やかな成長を地域社会でともに祝い願う関係が生み出され，それを維持していく様子が見受けられました。そして「自分も子どもの頃に贈ってもらったので，親戚の子どもに贈る」というように，この地域社会の文化として，次世代に引き継がれていっています。高祖地区でも，保育者や家族以外の地域の大人たちが伝統的な行事を通じて積極的に子どもの成長に関わる風土が醸成されています。一人の子どもの育ちに対して，それを支える子育てのネットワークが地域社会の中で張り巡らされていく機会となっているのではないでしょうか。

4　保育者と伝統行事

　本節では，上述したような伝統行事を通した学びを，園での学びにどのように生かしていくことができるのかを考えていきます。このような地域社会の文化を通した子どもの育ちに対して，園はどのような役割を担うことができるのでしょうか。

1．連携の重要性

　上記では，2つの地域の事例を取り上げましたが，それぞれの地域には固有の学習資源が存在しています。それらを子どもの育ちに生かしていくことは，地域社会に生きる子どもの成長に大きく寄与していきます。教育基本法第13条においては，「学校，家庭及び地域住民その他の関係者は，教育におけるそれぞれの役割と責任を自覚するとともに，相互の連携及び協力に努めるものとする」と記されています。子どもの地域離れが叫ばれている中で，子どもの地域社会での育ちを支えるためには，家庭・園・地域社会の連携が不可欠になってきます。そのためには，家庭・園・地域社会という子どもが過ごす場ごとに子どもの学びを分断して捉える（図6-2）のではなく，地域社会という基盤のもとに，家族や教育者，地域の住民が協力しながら子どもの育ちを支えていく（図6-3）という視点が重要になってくるでしょう。子どもたちの育ちにとっては，家庭や園も地域社会の中に存在する重要な社会的環境の一つなのです。

　中央教育審議会（2015）の答申においても，地域住民や保護者が子どもたちの育ちを支える地域コミュニティを創出する動きが広がりつつあるとし，「新たに地域コミュニティを創り出すという視点に立って，学校と地域住民や保護者等が力を合わせて子供たちの学びや育ちを支援する地域基盤を再構築していくこと，さらには，こうし

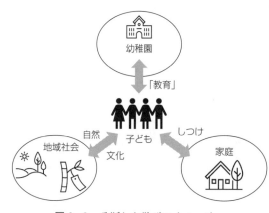

図6-2　分断した学びのイメージ

出典：筆者作成。

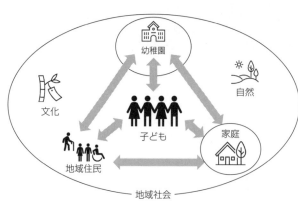

図6-3　地域社会を基盤にした学びのイメージ

出典：筆者作成。

た取組を広げ，常に社会全体で互いの幸せについて考え，そのために何ができるかを問い，学び続ける社会の形成を進めていくことが課題となっている」と述べられています。このような連携を通して子どもの学びや育ちを支援する地域社会の構築という新たな動きが求められている中で，現場で子どもの育ちに向き合う保育者はどのような役割を担うことができるのでしょうか。

2．保育者の役割

　幼稚園教育要領の総則「幼稚園運営上の留意事項」において，「幼児の生活は，家庭を基盤として地域社会を通じて次第に広がりをもつものであることに留意し，家庭との連携を十分に図るなど，幼稚園における生活が家庭や地域社会と連続性を保ちつつ展開されるようにする」こと，そして「その際，地域の自然，高齢者や異年齢の子供などを含む人材，行事や公共施設などの地域の資源を積極的に活用し，幼児が豊かな生活体験を得られるように工夫するものとする」と述べられています。ここでいわれている地域社会を活用した子どもの豊かな生活体験の獲得に対して，保育者・園のできることを具体的に大きく 3 点挙げたいと思います。

①地域社会への入り口をつくる

　まず，地域社会への参加の「入り口をつくる」という役割が考えられます。具体的には，実際に行われている伝統的な行事に子どもたちと出かけてみることです。園外学習などの時間に，実際の行事の場に出かけることで，子どもたちに生の体験を提供することができます。また，その場で，行事の担い手たちと出会い，子どもたちが舞ったり，踊ったりと行事に主体的に参加していく機会を得ることができるかもしれません。家庭の状況によって，地域社会への参加の度合いが変わってきてしまう子どもたちにとって，園がその参加をサポートすることは平等な学習機会の確保という観点からも重要です。安心・安全に子どもたちと地域に出かけるためには，保育者は下準備も大切です。事前に行事について調べること，行事の担い手の中のキーパーソンに連絡を取り打ち合わせを行うこと，そのような準備を行うことが，安心・安全を伴った子どもたちのスムーズな参加と直接的な体験につながっていきます。

②園の中に行事を取り入れる

　実際に園外の行事に参加するということは，時期や他の学習との関係で難しいこともあります。そのため園の中に地域社会の行事を取り入れることも保育者のできることとして考えられます。みなさんの中にも，

幼児期に七夕や節分の豆まきなどを園で体験したという人は多いのではないでしょうか。その季節の行事に合わせたモノや飾りつけを園の中に設置してみる，実際に園の中で行事を行ってみるなど，園内に学習資源として活用することで子どもたちの地域社会での育ちの一助となり得ます。また，たとえば，高祖地区のように地域行事の担い手を先生として園の中に招き，子どもたちに舞いを教えてもらい，伝統行事に参加していくという方法もあります。これは，自分の子どもが卒園したら関わりがなくなってしまいがちな地域の人々にとって，園を身近な存在として感じていくことにもつながるかもしれません。いずれにしても，園の中に行事を取り入れることは，子どもたちにとって地域社会がより身近で親しみやすいものとなっていくことでしょう。

③地域社会のメンバーとなる

　保育者自身が，地域社会のメンバーとなること，その意識を育むことも重要となってきます。つまり，保育者もまた地域社会を支える一員であるという視点です。たとえば，筆者の調査した地域においても，学校の先生が自ら行事に参加し，その担い手となっている様子がみられました。その先生が「子どもたちに地域のことを教えるには，まず自分がそれを体験したいと思った」と言うように，地域社会での行事に自らが参加していき，保育者自身が体験し，地域社会のメンバーとして受け入れられていくことで，子どもの育ちに対する地域行事のもつ意義や価値を体験的に教えていくことができます。また，多様な地域の人々と子どもの育ちに関わる情報交換を行い，現在抱えている教育課題の解決のきっかけとなることもあるかもしれません。いずれにせよ，保育者が地域社会に参加していくことによって，地域の行事が形骸化したものではなく，子どもの生活に根差した育ちを支える行事として続いていくのではないでしょうか。ひいては，地域社会の文化を次世代に伝えていくことに園が重要な担い手の一つとして関わっていくことにもつながっていきます。

　本章では，子どもの育ちと社会的環境というテーマで，主に地域社会で行われる文化的な行事に着目して，子どもの育ちと保育者の関わりを述べました。地域社会の中にある豊かな学びの素材に目を向け，子どもの育ちを探究していくことは，地域社会を生きる子どものよりよい育ちにつながるとともに，それを支えるこれからの地域社会が，多くの人々の協力の中で創出されていくきっかけにもなっていくのです。

┌───┐
│ (演習問題)
│
│ ⑴　子ども時代に体験した伝統行事を思い返し，当時の自分にとってどのよ
│ 　うな体験であったかを考えてみましょう。
│ ⑵　積極的に伝統行事を活動に取り入れている幼稚園・保育所を探し，どの
│ 　ような教育的意図で，またどのように地域社会と連携して行っているのか
│ 　を調べてみましょう。
└───┘

引用・参考文献

シング，J. A. L.／中野善達・清水知子訳（1977）『野生児の記録1　狼に育て
　られた子』福村出版。

中央教育審議会（2005）「子どもを取り巻く環境の変化を踏まえた今後の幼児
　教育の在り方について（答申）」（https://www.mext.go.jp/b_menu/shingi/
　chukyo/chukyo0/toushin/attach/1420140.htm. 2020年11月28日アクセス）。

中央教育審議会（2015）「新しい時代の教育や地方創生の実現に向けた学校と
　地域の連携・協働の在り方と今後の推進方策について（答申）」（https://
　www.mext.go.jp/b_menu/shingi/chukyo/chukyo0/toushin/__icsFiles/
　afieldfile/2016/01/05/1365791_1.pdf. 2020年11月30日アクセス）。

鶴見和子ほか（1983）『叢書・産育と教育の社会史　民衆のカリキュラムと学
　校のカリキュラム』新評論。

Herskovits, M. J.（1948）*Man and His works: The science of cultural anthro-
　pology*, Knoft.

Lave, J. & Wenger, E.（1991）*Situated Learning: Legitimate Peripheral Par-
　ticipation*, Cambridge University Press（佐伯胖訳（1993）『状況に埋め込
　まれた学習──正統的周辺参加』産業図書）。

第 7 章
幼児期の終わりまでに育ってほしい姿と教育課程

　これまでの学校教育では，子どもたちに何を教えるかという知識・技能の習得が重視されてきました。しかし近年の学校教育では，子どもたちにどのような力を身につけさせるのかという資質・能力の育成が重視されています。幼稚園から高等学校まで一貫して資質・能力の育成を行っています。

　そこで本章では，幼稚園で育てようとしている資質・能力がどのようなものかをみていきます。

1　「生きる力」とカリキュラム・マネジメント

1.「生きる力」を育む学校教育へ^{◁1}

▷1　学校教育とは，教育基本法第6条で「法律に定める学校は，公の性質を有するもの」と示されている。教育基本法が「法律に定める学校」とは，学校教育法第1条で定義されている。

　みなさんは，学校が何を学ぶところか考えたことがあるでしょうか。どのような力を身につけることが学校教育の目的なのでしょう。国語や算数のテストで「正解」を導けるよう知識を得るところ，などを思い浮かべた人もいるかもしれません。そのような，答えがある問題に対して多くの「正解」を出し高い得点を獲得できることを，「学力」と捉えていた時代もありました。しかし，1990年頃になると少子化やグローバル化など社会の変化が著しくなりました。こうした社会の変化を受け，今後，子どもたちが学校教育でどのような力を身につけるべきかが模索されました。そこで，子どもたちが学校教育で身につける力をどのように捉えるのかが検討され，1998年に告示された学習指導要領で，「生きる力」という新たな学力の捉え方が示されたのです。学習指導要領（幼稚園段階では幼稚園教育要領といわれます）は，子どもたちが何のために，何を学ぶのかという教育内容の基準を示したものです。全国の学校は学習指導要領を守らなければならないため，「生きる力」の育成は国公私立を問わない学校教育全体の取り組みなのです。では，「生きる力」とはどのような力なのでしょうか。文部省（当時）は次のように述べています。

　我々はこれからの子供たちに必要となるのは、いかに社会が変化しようと、自分で課題を見つけ、自ら学び、自ら考え、主体的に判断し、行動し、よりよく問題を解決する資質や能力であり、また、自らを律しつつ、他人とともに協調し、他人を思いやる心や感動する心など、豊かな人間性であると考えた。たくましく生きるための健康や体力が不可欠であることは言うまでもない。我々は、こうした資質や能力を、変化の激しいこれからの社会を［生きる力］と称することとし、これらをバランスよくはぐくんでいくことが重要であると考えた。
　　　　　　　　　　　　　　　　　　　　（中央教育審議会, 1996）

▷ 2　中央教育審議会については, 第 8 章 (79頁▷ 1) 参照。

表 7 - 1　生きる力とは

1 ．自分で課題を見つけ, 自ら学び, 自ら考え, 主体的に判断し, 行動し, よりよく問題を解決する資質や能力
2 ．自らを律しつつ, 他人とともに協調し, 他人を思いやる心や感動する心などの豊かな人間性
3 ．たくましく生きるための健康や体力

出典：中央教育審議会 (1996)「21世紀を展望した我が国の教育の在り方について第一次答申」をもとに筆者作成。

　これらの文言から,「生きる力」とは表 7 - 1 のようにまとめることができるでしょう。以来, 今日まで, 学校教育では「生きる力」を育むことを目指しています。では「生きる力」を育むためにはどのようにしたらよいのでしょう。2017（平成29）年に告示された小学校学習指導要領の総則第 1 の 3 には以下のように書かれています。

　豊かな創造性を備え持続可能な社会の創り手となることが期待される児童に, 生きる力を育むことを目指すに当たっては, 学校教育全体並びに各教科, 道徳科, 外国語活動, 総合的な学習の時間及び特別活動（中略）の指導を通してどのような資質・能力の育成を目指すのかを明確にしながら, 教育活動の充実を図るものとする。その際, 児童の発達の段階や特性等を踏まえつつ, 次に掲げることが偏りなく実現できるようにするものとする。
(1)　知識及び技能が習得されるようにすること。
(2)　思考力, 判断力, 表現力等を育成すること。
(3)　学びに向かう力, 人間性等を涵養すること。
　　　　　　　　　　　　　　　　　（小学校学習指導要領, 2017：18）

ここから子どもたちに「生きる力」を育むためには, (1)知識及び技能

が習得されるようにすること，(2)思考力，判断力，表現力等を育成すること，(3)学びに向かう力，人間性等を涵養すること，の3つの資質・能力を育成することが必要だという考えが読みとれます。この資質・能力を教育活動の計画と関連させながら具体的に示したものが図7−1です。幼稚園を卒園して小学校に入学した後，子どもの中には新たな学校生活（学習活動の違いや，教育課程編成の違いなど）に戸惑い円滑に小学校生活を送ることができず，「小1プロブレム[3]」という問題が生じることが，これまでに指摘されてきました。そうした進学に伴う課題についても，学校教育として幼稚園から高等学校までの教育を一体的に捉えていくことで解決していこうという取り組みが始まっています。幼稚園教育には小学校教育とつながるような教育活動をどのように展開していくかという視点が求められています。

2．カリキュラム・マネジメント[4]

　前章までにおいて，幼稚園での自由遊びは子どもが好きなことをして遊んでいるだけの教育活動ではないという説明がありました。幼稚園を含めた学校で行われる教育活動は，その時々の思いつきで行われているのではなく目標・内容・方法・評価があらかじめ計画として立てられています。もう少し具体的にいうと，目標を達成するために，何をどのようなやり方で教えて，教えた結果その子どもが目標を達成できたかどうかをどのような方法を用いて測っていくかということが指導計画として記されるのです（図7−2）。この計画は，教育課程と呼ばれています。

　国内にある多くの幼稚園が教育課程を自由に立ててしまうと，幼稚園教育としての共通性が保証できません。そこで幼稚園教育要領が基準として示されています。

　しかし，指導計画についてもう少し深くみると，教育課程にはいくつかのレベルがあることがわかります。図7−3を見てください。幼稚園教育要領に示されている健康・人間関係・環境・言葉・表現の各領域に関連して行われる一つひとつの教育活動は，それぞれが指導計画に基づいて実施されます。そして，それらは幼稚園教育要領に示されているねらいをもとに各園が設定した園独自の教育目標という一つのゴールを目指しているパーツとも捉えることができます。たとえば，粘土遊びもお遊戯もお料理もそれぞれの活動の指導計画が必要です。それぞれの教育活動を経た後，最終的にその子どもが幼稚園を卒園するときにどのような力を身につけてほしいのか，というのが園独自の教育目標というゴールとして表現されているのです。そのため，何のためにという目標が明

▷3　小1プロブレム
小学校1年生などの教室において，学習に集中できない，教員の話が聞けずに授業が成立しないなど学級がうまく機能しない状況のこと（文部科学省初等中等教育局幼児課，2010）。

▷4　カリキュラムという用語は，厳密にいうと教育課程よりも対象が広い。田村はカリキュラム・マネジメントを，「各学校が学校の教育目標をよりよく達成するために，組織としてカリキュラムを創り，動かし，変えていく，継続的かつ発展的な，課題解決の営み」（田村，2011：2）であると述べている。つまり，学校の教育目標を達成するために，家庭や地域社会といった学校の外との関係性も含めて，教育活動と学校経営活動を不断のサイクルとして捉える点がカリキュラム・マネジメントの特徴である。

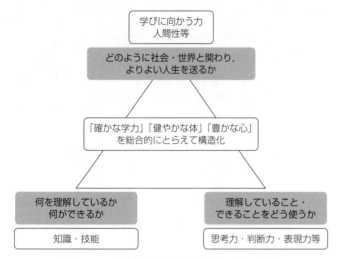

図7-1　育成を目指す資質・能力の3つの柱

出典：中央教育審議会（2016）「幼稚園，小学校，中学校，高等学校及び特別
　　　支援学校の学習指導要領等の改善及び必要な方策等について（答申）補
　　　足資料」より引用。

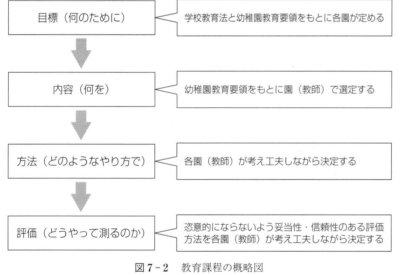

図7-2　教育課程の概略図

出典：筆者作成。

確でなければ，個々の教育活動がつながりをもたない個別的なものに
なってしまう可能性があります。この目標の土台になるのが，第1項で
みてきた「生きる力」なのです。

　重要な点は，この教育課程は立案するだけではいけないということで
す。各教育活動を行うために，教師は指導計画を立てて，実施し，その
結果，子どもたちがどのように変化したのかという評価を行います。そ
して，この評価は子どもたちがどうなったかだけでなく，教師が立案し
た計画がどうであったかも同時に考えていきます。たとえば，指導計画

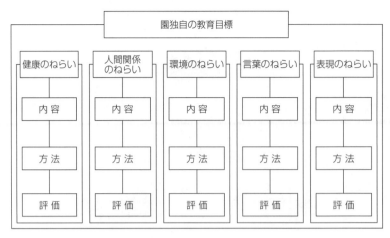

図7-3　園の教育目標と各教育活動の関係
出典：筆者作成。

のとおりに子どもと関わったけれども，思ったような結果にならなかった場合，それは教師の立てた計画や働きかけに改善点があるのかもしれないということを振り返ることも必要になるのです（詳細は第9章を参照）。すると，教育課程は修正や改善が常に加えられていくことになるので，計画の立案と評価が常に繰り返されていくことになります。このように，教育課程の計画と実施と評価が終わりなく動いていくことをカリキュラム・マネジメントと呼びます。カリキュラム・マネジメントは，今日の学校教育で重要な取り組みの一つです。

2 幼稚園の教育課程と幼児期の終わりまでに育ってほしい姿

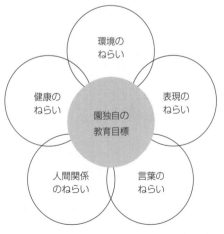

図7-4　幼稚園教育における園の目標と各領域の関係

1．幼稚園教育の特徴

　先ほどの図7-3を見て，各領域と園独自の教育目標の関係を示した図の形に疑問を抱いた人もいるかもしれません。図7-3は，園独自の教育目標と各教育活動の関係を捉えるために作った図です。しかし，幼稚園教育の特徴は総合的な学びであるという点にあります。第3章でも述べられていたように，子どもの遊びは総合的です。そのため，一つの遊びに幼稚園教育要領が示す5つの領域の複数が関連しています。したがって，図7-3のように領域ごとに縦に割られた図になることは考えにくいのです。そこで，総合的な学

表7-2　幼稚園教育要領における資質・能力

(1)　豊かな体験を通じて，感じたり，気付いたり，分かったり，できるようになったりする「知識及び技能の基礎」
(2)　気付いたことや，できるようになったことなどを使い，考えたり，試したり，工夫したり，表現したりする「思考力，判断力，表現力等の基礎」
(3)　心情，意欲，態度が育つ中で，よりよい生活を営もうとする「学びに向かう力，人間性等」

出典：幼稚園教育要領，2017：3-4より引用。

びであるという幼稚園教育の特徴を踏まえて図7-3を修正すると図7-4のようにすべての領域が密接に関わり合い，重なった形になります。幼稚園教育では，園独自の教育目標というゴールに向かって，一つひとつの教育活動が計画・実施・評価されていくと考えられます。

2．資質・能力と幼児期の終わりまでに育ってほしい姿

　あらためてゴールとなる園独自の教育目標が明確であることの必要性を意識してください。そして，幼稚園教育要領の総則では「幼稚園においては，生きる力の基礎を育むため，この章の第1に示す幼稚園教育の基本を踏まえ，次に掲げる資質・能力を一体的に育むよう努めるものとする」と示されており，表7-2の3つの資質・能力が示されています。ここで「一体的に育むように努めるものとする」と書かれているのは，前項で述べたように子どもにとって幼稚園での学びが総合的になされるものであるという特徴が反映されているからだといえます。

　しかし，幼稚園の教育課程を考えるには，この資質・能力の文面だけではまだ少し抽象的だと思いませんか。そこで，幼稚園教育を通して子どもたちがどのようになることを目指しているのかを具体的に捉えられるように，文科省は「幼児期の終わりまでに育ってほしい姿」を示しています（図7-5）。

　「幼児期の終わりまでに育ってほしい姿」は，幼稚園教育要領第2章のねらい及び内容に基づいた教育活動を積み重ねたときの年長児の姿を想定したものです。ここで注意が必要なのは，この「幼児期の終わりまでに育ってほしい姿」が小学校以上の学習指導要領が示す目標とは性質が違うという点です。小学校以上の学習指導要領では，各学年，各教科ごとに目標が明記され，それを達成することが目指されます。しかし，幼稚園教育要領が示す各領域のねらいは，達成しなければならない目標ではないのです。

　幼児期の子どもは，総合的に様々な事柄を学んでいくのと同時に一人ひとりの個人差が大きいのです。たとえば，4歳児は全員りぼん結びが

○ 5領域のねらい及び内容に基づいて，各幼稚園で，幼児期にふさわしい遊びや生活を積み重ねることにより，幼稚園教育において育みたい資質・能力が育まれている幼児の具体的な姿であり，特に5歳後半に見られるようになる姿である。

図7-5　「幼児期の終わりまでに育ってほしい姿」

出典：文部科学省初等中等教育局「指導計画の作成と保育の展開について（仮称）」より引用。

できて，5歳児は全員鉄棒で前回りができるといったように，子どもを一様に捉えることはできません。そのため，子どもを年齢で捉えて達成すべき目標を設定することは幼稚園教育には適していないのです。保育者は一人ひとりの幼児理解を深め，「幼児期の終わりまでに育ってほしい姿」に照らしながら必要な援助を行ったり，環境を整えていくことになります。

　そこで，幼稚園で教育活動を展開していく上で，表7-2に示している資質・能力をもとに各園が独自に定める教育目標が最も具体的な指針となるのです。

3．幼稚園から小学校への接続

　幼稚園では，遊びという活動を通して「なぜ？」「どうして？」と思ったことを素直に言葉にしたり，友だちや教師との遊びを通したやりとりの中で自発的かつ体験的に様々なことを知り学びます。しかし，子どもたちは小学校に入学すると約45分間椅子に座り，黒板等を見ながら行われる授業を通して学ぶことになります。この学習活動の変化は，子どもにとっては大きなものです。そこでこれからは，小学校以降での学習に幼稚園の頃に育まれた自発的な学びを生かしていけるように，学校種間の連携を双方の教師が意識していくことが期待されています。そのため現行の幼稚園教育要領には，「小学校教育との接続に当たっての留意事項」が明記されています。また幼稚園教育と小学校教育の接続について，文科省は「幼児教育において育みたい資質・能力の整理」を示しています（図7-6）。幼稚園教育要領における資質・能力に「知識及び技能の基礎」「思考力，判断力，表現力等の基礎」とあえて「基礎」という言葉がつけられているのには，幼稚園教育だけでなく，続く小学校教育とのつながり[5]によってこれらの力は芽吹き育まれていくという視点

▷5　小学校では，生活科を中心にして教育課程を計画・実施・評価していくスタートカリキュラムが取り入れられている。これは，幼稚園での学びを活かす活動や環境を小学校でも意図的に設定することで，幼稚園教育から小学校教育への移行を円滑にする取り組みであり，2015年の段階でスタートカリキュラムの実施率は100％である（国立教育政策研究所，2015）。また幼稚園では，就学前の幼児が小学校の活動に参加するなどの交流活動が行われていることもある。

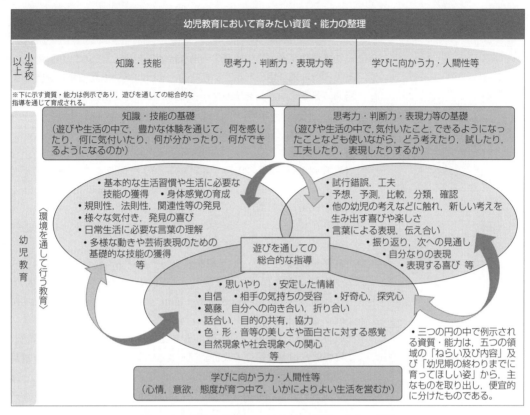

図7-6　幼児教育において育みたい資質・能力の整理

出典：文部科学省初等中等教育局「指導計画の作成と保育の展開について（仮称）」より引用。

があるのです。一方で，「学びに向かう力，人間性等」には「基礎」という言葉がついていません。これは，「学びに向かう力，人間性等」は自発的に学ぶ姿勢や思いやりという，子どもの年齢を問わず育むことができる力だという視点があるからです。

　幼稚園教育には，子どもたちの「知識及び技能の基礎」「思考力，判断力・表現力等の基礎」の芽吹きを見据え，かつ「学びに向かう力，人間性等」を育んでいくような教育活動が求められています。

演習問題

(1)　「生きる力」を育むという点では，幼稚園も小学校も中学校も高等学校も同じ力の育成を目指して一貫した教育を行っていくという動向があります。しかし，その計画である教育課程の編成では，幼稚園は他の校種にはない特徴をもっていました。どのような特徴だったか，まとめてみましょう。

(2)　「幼児期の終わりまでに育ってほしい姿」は，達成すべき目標という性質をもっていません。幼稚園教育要領が「幼児期の終わりまでに育ってほ

しい姿」を明確な目標として位置づけていないのはなぜか考えてみましょう。

(3) 幼稚園教育と小学校教育の円滑な接続のために，あなたが保育者ならばどのような取り組みをしていきたいと思うか，幼稚園教育要領または「幼稚園教育要領解説」を読みながら具体的に考えてまとめてみましょう。

引用・参考文献

国立教育政策研究所（2015）「スタートカリキュラムスタートブック必携」（https://www.nier.go.jp/kaihatsu/pdf/startcurriculum_mini.pdf. 2020年12月6日アクセス）。

田村知子（2011）「カリキュラムマネジメントのエッセンス」田村知子編『実践・カリキュラムマネジメント』ぎょうせい。

中央教育審議会（1996）「21世紀を展望した我が国の教育の在り方について第一次答申第1部（3）今後における教育の在り方の基本的な方向」（https://www.mext.go.jp/b_menu/shingi/chuuou/toushin/960701e.htm. 2020年11月1日アクセス）。

中央教育審議会（2016）「幼稚園，小学校，中学校，高等学校及び特別支援学校の学習指導要領等の改善及び必要な方策等について（答申）補足資料」（https://www.mext.go.jp/component/b_menu/shingi/toushin/__icsFiles/afieldfile/2017/01/20/1380902_4_1_1.pdf. 2020年11月1日アクセス）。

文部科学省初等中等教育局「指導計画の作成と保育の展開について（仮称）」（https://www.mext.go.jp/content/20200709-mxt_youji-000004480_01.pdf. 2020年11月1日アクセス）。

文部科学省初等中等教育局幼児課（2010）「幼児期の教育と小学校教育の円滑な接続の在り方に関する調査研究協力者会議第9回配付資料1-2」（https://www.mext.go.jp/b_menu/shingi/chousa/shotou/070/shiryo/attach/1299926.htm. 2020年12月6日アクセス）。

第8章
「主体的・対話的で深い学び」と教育方法の関係

　これからの学校教育には「主体的・対話的で深い学び」が求められています。本章では，なぜ「主体的・対話的で深い学び」が求められたのかという背景と，「主体的・対話的で深い学び」とはどのようなものなのか，幼稚園教育で「主体的・対話的で深い学び」はどのように行うのか，という3点について学習をしていきます。

1　「主体的・対話的で深い学び」という概念

　現在の学校教育に関するキーワードの一つに，「主体的・対話的で深い学び」があります。そしてこのキーワードとよく似た言葉として，「アクティブ・ラーニング」という言葉があります。この2つの言葉が意味するものが，どのように違うのかをこの節でつかんでいきましょう。

1．「アクティブ・ラーニング」の登場

　先に使われていたのは，「アクティブ・ラーニング」です。この言葉は，大学教育を変えようという流れの中で使われ始めました。

　みなさんの中には，大学に入学してからどうやって勉強したらよいかわからないと感じたことがある人がいるのではないでしょうか。試験一つをとっても，大学では高等学校までのように試験範囲が明確に定められたり，問題集があるわけでもありません。毎回の講義でも，「今日みなさんはこれについて新たに知りましたよ」と講義のまとめをしてくれるような大学の講義はほとんどないのではないでしょうか。

　大学での講義でよく用いられていたのは，一人の教員が大勢の学生のいる講義室で一方的に話す一斉教授という教育方法です。一斉教授の場合，学生は聴くという学習活動を通して学びます。しかし，一斉教授という昔ながらの大学教育の教育方法では，学生はただ座って教員の話をラジオのように聞いているという受動的な姿勢になる可能性もあります。
　中央教育審議会（以下，中教審）は，これからの大学教育に以下のような変化が必要であると示しました。

▷1　**中央教育審議会**
教育・学術または文化に対する基本的な重要施策について，調査・審議する文部科学大臣の諮問機関である。2021年現在，教育制度分科会，生涯学習分科会，初等中等教育分科会，大学分科会の4つの分科会がある。

▷2 学修
大学での学びは、「一単位
の授業科目を四十五時間の
学修を必要とする内容をも
つて構成することを標準」
とするという，大学設置基
準第21条の規定に基づいて
いる。大学生は授業時間外
に自ら学ぶ能動的な存在と
捉えられており，大学での
教育内容には学生が授業時
間外に自ら学修する分が含
められている。

　生涯にわたって学び続ける力、主体的に考える力を持った人材は、学生からみて受動的な教育の場では育成することができない。従来のような知識の伝達・注入を中心とした授業から、教員と学生が意思疎通を図りつつ、一緒になって切磋琢磨し、相互に刺激を与えながら知的に成長する場を創り、学生が主体的に問題を発見し解を見いだしていく能動的**学修**（アクティブ・ラーニング）への転換が必要である。すなわち個々の学生の認知的、倫理的、社会的能力を引き出し、それを鍛えるディスカッションやディベートといった双方向の講義、演習、実験、実習や実技等を中心とした授業への転換によって、学生の主体的な学修を促す質の高い学士課程教育を進めることが求められる。

(中央教育審議会，2012：9)

　こうした要請を受けて大学の講義は，学生が受動的になりやすい一斉教授以外に，学生自ら考えたり発言したりするなど学生が能動的に参加することができる講義へと改革がすすめられたのです。

　ここで押さえておくべきポイントは，「アクティブ・ラーニング」が固定された方法ではないということです。上記のように，中教審は「ディスカッションやディベートといった双方向の講義，演習，実験，実習や実技」という具体的な例を挙げています。しかし，ディスカッションとして意見を言い合えばアクティブ・ラーニングができたとはいえません。アクティブ・ラーニングとは学生が能動的に学修することであり，以後「学生が能動的に参加しようと思えるような方法で講義をするように」大学の講義も変わってきました。

　受動的な学修ではなく能動的な学修ができるような講義へという大学教育の変化は，その後，高等学校以下の中学校や小学校でも取り入れられていくようになります。

2．「アクティブ・ラーニング」の視点と「生きる力」

　大学教育で始まった「アクティブ・ラーニング」ですが，高等学校以下の学習指導要領では「アクティブ・ラーニング」という言葉は使われていません。中教審の「幼稚園，小学校，中学校，高等学校及び特別支援学校の学習指導要領等の改善及び必要な方策等について（答申）」（以下，答申）では以下のように書かれています。

　「アクティブ・ラーニング」の視点からの授業改善であるが、形式的に対話型を取り入れた授業や特定の指導の型を目指した技術の改善にとどまるものではなく、子供たちそれぞれの興味や関心を基に、一人一人の個性に応じた多様で質の高い学びを引き出すことを意図するものであり、さらに、それを通してどのような資質・能力を育むかという観点から、**学習**[3]の在り方そのものの問い直しを目指すものである。　　　　　　　　　　　　　　（中央教育審議会，2016：26）

　つまり、「アクティブ・ラーニング」の視点とは，教師が子どもから多様で質の高い学びを引き出すことを可能にしようと試みるように授業を改善していくことを求めているのです。教師に授業改善が求められているのには，知識・技術の習得を目指す教育課程から資質・能力の育成を目指す教育課程へと学習指導要領の方向性が変わったことが影響しています。

　第7章で述べられているように，資質・能力の育成によって学校教育が育もうとしているのは「生きる力」です。そもそもこの「生きる力」が求められた背景には，子どもたちを急速に変化する社会や環境に対応できる人へと育てるには何を教えたらよいのか，という問題がありました。答申をみてみましょう。

　社会の変化は加速度を増し、複雑で予測困難となってきており、しかもそうした変化が、どのような職業や人生を選択するかにかかわらず、全ての子供たちの生き方に影響するものとなっている。社会の変化にいかに対処していくかという受け身の観点に立つのであれば、難しい時代になると考えられるかもしれない。

　（中略）

　直面する様々な変化を柔軟に受け止め、感性を豊かに働かせながら、どのような未来を創っていくのか、どのように社会や人生をよりよいものにしていくのかを考え、主体的に学び続けて自ら能力を引き出し、自分なりに試行錯誤したり、多様な他者と協働したりして、新たな価値を生み出していくために必要な力を身に付け、子供たち一人一人が、予測できない変化に受け身で対処するのではなく、主体的に向き合って関わり合い、その過程を通して、自らの可能性を発揮し、よりよい社会と幸福な人生の創り手となっていけるようにすることが重要である。　　　　　　（中央教育審議会，2016：10-11）

▷3　**学習**
学習の定義は，行動主義心理学や認知心理学などによって違いがある。しかし学校教育においては，児童・生徒が新たな知識を獲得することや，望ましい習慣を形成することを目指し行う一連の過程と捉えることができる（伏見，2011）。授業時間外で児童・生徒が学ぶ分を教育内容に含めていない点で，前述の学修とは異なる。

大学生など社会の多くの人が気軽にインターネットを使うことができるようになったのは，2000年代に入ってからです。それ以前は，何かを調べようと思ったときは図書館に行くなどして直接本に触れて読むことが主流でした。友だちの近況なども，直接その友だちと話をするか他の友だちから聞く以外に情報を得る方法はありませんでした。インターネットを代表とする情報通信技術（ICT）の普及は，ワンクリックで多くの情報を得ることができると同時に，短時間で一つの情報を世界中に発信することができるというように社会を変えました。しかし，技術の進歩と普及はよい面だけではありません。私たちは，あふれる情報から正しい情報なのか誤った情報なのかを自分で判断し選択しなければならなくなりました。そこで，情報を手に入れる方法を身につけるとともに，情報を精査したり判断する力も身につける必要が生まれました。こうしたICTの普及以外にも，東日本大震災や新たな感染症の流行，天候による災害など，私たちはこれまで誰も経験したことがない状況や課題に向かっていくことが必要になっています。誰も経験したことがない状況に陥ったとき，受け身の姿勢ではその問題状況を自分で解決することが難しいかもしれません。問題が起きたときに，今何が起きているのか，知っている情報で考えられることは何かと推測する力や推測を立てた後に今自分に何ができるのかを判断する力が必要です。そして，実行して動く力がなければ状況を改善することはできません。

　これからの社会において求められる力や自ら未知の状況に向かっていく力を身につけるには，能動的に状況や課題に取り組む姿勢が必要になります。そこで「生きる力」を育むための教育方法として，大学教育で取り入れられた「アクティブ・ラーニング」を参考にして，授業をつくっていくことが求められるようになりました。「アクティブ・ラーニング」の視点は，こうしたこれからの社会を生きていく子どもたちのための教育を担う教師が行う授業改善に対する視点として示されているのです。

3.「主体的・対話的で深い学び」の誕生

　現行の学習指導要領は，学習者の視点でこれまでよりもわかりやすく学ぶ過程が描かれています（図8-1）。図8-1からわかるように，「何ができるようになるか」はどのような姿になることが目指されているのかという目標にあたります。「何を学ぶか」は，教育内容にあたります。そして，「どのように学ぶか」は方法にあたります。この「どのように学ぶか」に「主体的・対話的で深い学び（「アクティブ・ラーニング」）の視点」が示されています。育みたい資質・能力と「主体的・対話的で深

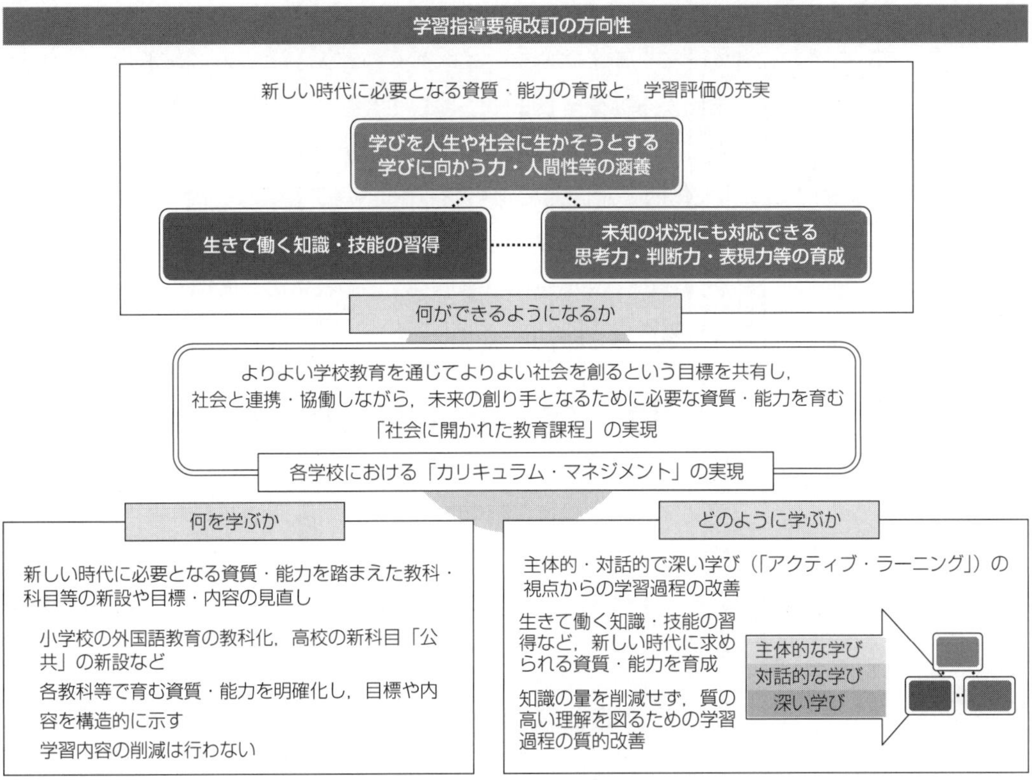

学習指導要領改訂の方向性

新しい時代に必要となる資質・能力の育成と，学習評価の充実

学びを人生や社会に生かそうとする
学びに向かう力・人間性等の涵養

生きて働く知識・技能の習得

未知の状況にも対応できる
思考力・判断力・表現力等の育成

何ができるようになるか

よりよい学校教育を通じてよりよい社会を創るという目標を共有し，
社会と連携・協働しながら，未来の創り手となるために必要な資質・能力を育む
「社会に開かれた教育課程」の実現

各学校における「カリキュラム・マネジメント」の実現

何を学ぶか

新しい時代に必要となる資質・能力を踏まえた教科・
科目等の新設や目標・内容の見直し

小学校の外国語教育の教科化，高校の新科目「公
共」の新設など
各教科等で育む資質・能力を明確化し，目標や内
容を構造的に示す
学習内容の削減は行わない

どのように学ぶか

主体的・対話的で深い学び（「アクティブ・ラーニング」）の
視点からの学習過程の改善

生きて働く知識・技能の習
得など，新しい時代に求め
られる資質・能力を育成

知識の量を削減せず，質の
高い理解を図るための学習
過程の質的改善

主体的な学び
対話的な学び
深い学び

図 8 - 1　学習者の学ぶ過程

出典：文部科学省「新しい学習指導要領の考え方──中央教育審議会における議論から改訂そして実施へ」より引用。

い学び」は教育課程における目標と方法の関係に近いものといえます。

「主体的・対話的で深い学び（「アクティブ・ラーニング」）」の視点は，具体的にディスカッションをすることやディベートをすることだけを求めているわけではありません。つまり「アクティブ・ラーニング」の視点は，具体的な教育方法を使用することを強制してはいません。むしろどのような授業が子どもを能動的な学びに向かわせるのかということを常に問い続け，子どもに合わせて授業をつくり修正していくことを教師に求めています。このことを，答申では以下のように述べています。

「主体的・対話的で深い学び」の実現とは、特定の指導方法のことでも、学校教育における教員の意図性を否定することでもない。人間の生涯にわたって続く「学び」という営みの本質を捉えながら、教員が教えることにしっかりと関わり、子供たちに求められる資質・能力を育むために必要な学びの在り方を絶え間なく考え、授業の工夫・改善を重ねていくことである。（中央教育審議会，2016：49）

83

受動的な学びから能動的な学びへの変化を目指し，大学教育改革として「アクティブ・ラーニング」の導入がすすめられました。そして，幼稚園から高等学校まで一貫して育むことを目指す資質・能力が掲げられたことで，大学に至るまでの各校種の教育のあり方が見直されました。「主体的・対話的で深い学び」という言葉は，「アクティブ・ラーニング」の言い換えではありません。幼稚園から高等学校までの間に育む力を，どのような過程を通して身につけるのかという方途を具体的に示しているのです。

2　「主体的・対話的で深い学び」とは

　文部科学省は，「主体的・対話的で深い学び」の視点と資質・能力の関係を図8-2のように示しています。ここからは，図8-2に示されている「主体的な学び」「対話的な学び」「深い学び」の各視点がどのような特徴を有しているのか押さえていきましょう。

1．主体的とは

　子どもは多くの事柄に興味をもっています。そして環境との関わりの中で生活を通して学んでいきます。しかし，小学校以上の校種では子どもの関心とは少し離れて授業が行われることがあります。
　たとえば，「なぜ台風はうまれるのだろう」という疑問を抱いた A さんがいたとします。その「なぜだろう」に答えようと，教師が一緒に天気図や気圧について調べたり話をするとき，A さんは主体的に学んでいくでしょう。しかし，そうした疑問を抱いていない B さんに「気圧の差によって海面の水分を多く含んだ雲が急速に発達し……台風が発生します」と話しても，その知識は B さんにとっては押しつけられた情報でしかないということがあります。
　一方で，授業づくりが常に子どもの興味や関心を出発点にしなければいけないわけではありません。天気に興味がない B さんであっても，教育内容へのアプローチを変えれば関心をひくことができます。B さんは，ナスが大好物だとしましょう。夏野菜であるナスですが，「今年はナスがあまり収穫できない。そうすると，ナスの値段が高くなるだろうからあまり食べられないかもしれないね」と話したら，B さんは「なぜナスが収穫できないの？」と思うかもしれません。そこで，天気と農作物の生育をつなげて授業への関心を高めることも可能です。
　学習を通して，物事の見え方が変わることや社会と自身の生活，ひい

「主体的・対話的で深い学び」の視点に立った授業改善を行うことで、学校教育における質の高い学びを実現し、学習内容を深く理解し、資質・能力を身に付け、生涯にわたって能動的（アクティブ）に学び続けるようにすること

【主体的な学び】の視点

学ぶことに興味や関心を持ち、自己のキャリア形成の方向性と関連付けながら、見通しを持って粘り強く取り組み、自己の学習活動を振り返って次につなげる「主体的な学び」が実現できているか。

主体的な学び
対話的な学び
深い学び

学びを人生や社会に生かそうとする**学びに向かう力・人間性**等の涵養

生きて働く**知識・技能の習得**

未知の状況にも対応できる**思考力・判断力・表現力**等の育成

【対話的な学び】の視点

子供同士の協働、教職員や地域の人との対話、先哲の考え方を手掛かりに考えること等を通じ、自己の考えを広げ深める「対話的な学び」が実現できているか。

【深い学び】の視点

習得・活用・探究という学びの過程の中で、各教科等の特質に応じた「見方・考え方」を働かせながら、知識を相互に関連付けてより深く理解したり、情報を精査して考えを形成したり、問題を見いだして解決策を考えたり、思いや考えを基に創造したりすることに向かう「深い学び」が実現できているか。

図8-2　主体的・対話的で深い学び（「アクティブ・ラーニング」）の視点からの授業改善について（イメージ）

出典：文部科学省「『主体的・対話的で深い学び』の実現」より引用。

ては生き方を捉えられるようになることが主体的な学びでは目指されています。こうした授業をつくるために，教師には子どもたちが何に興味をもっているのかを知る子ども理解が必要なのです。

2．対話的とは

　対話的な学びで最初に思い浮かべるのは，「話し合う」など直接言葉を交わし合う学習活動かと思います。もちろん，それも対話的な学びの一つです。しかし，対話的な学びとは，意見を発言するだけではなく，お互いの意見を共有するというところまでが必要です。具体的な例を挙げて考えていきましょう。

　みなさんは，「すべての命は等しく大切だ」というようなことを学校で教わった覚えはないでしょうか。その普遍的な概念を「すべての命は等しく大切だ」と教えられたとき，理解したような気持ちになるかもしれません。しかし，実はそうした普遍的な概念について，子どもたちは個々に多くの体験や知識をもっています。

　ある子は親を失った経験があるかもしれません。ある子は愛犬を失った経験があるかもしれません。または，過去の歴史に関する話や資料を読んで自分なりに命について考えた子もいるかもしれません。こうした個々の体験や考えを話し合い共有した後に，一人ひとりの体験は違って

いても，死は悲しいことであるという感情や，死が元に戻せないことであるという普遍的な死の概念を共有していくことがきます。この個々の子どもがそれぞれの経験や考えから普遍的な概念を共有しようとすることに，対話的な学びの意味があります。

3．深い学びとは

　簡単に捉えると，深い学びとは子どもがもっている個々の知識を関連づけていくことや，知識を材料にして自分の考えをつくり出していくことです。しかし，これは教師が意図的に「させる」ことが困難です。教師は子どもたちが自分の考えをつくり出していくための手立てを講じていく必要があります。

　今度は，恐竜が好きな子どもを例にとって考えてみましょう。恐竜が好きな子どもは「この恐竜は白亜紀にいたんだよ」「草食恐竜と肉食恐竜は，歯の形が違うんだよ」「氷河期がきたから恐竜はいなくなったんだよ」など，多くの事柄を知っています。この子どもがもっている知識は，白亜紀という地質に関する知識，食物の違いによる恐竜の機能形態の変化に基づく生物に関する知識，食料に関しては農業についての知識と考えられます。子どもがもっているこれらの知識は，断片的でパズルのピースのような状態です。

　教師がこの子どもに「なぜ氷河期がきたら恐竜はいなくなったのだろう……」と投げかけたとき，子どもの中でパズルのピースをつなげ関連づけをしていくという過程が生じます。そして，「氷河期がきて草や果物が育たなくなったから草食恐竜はいなくなってしまった」「草食恐竜がいなくなると，肉食恐竜も生きていられないからいなくなった」「食べるものが少なくなったから恐竜の体は小さくなっていった」など，知識の関連づけを行うことで恐竜という対象への理解を深めていくことができるのです。もう一つ深い学びの特徴として，実際の生活や課題など，現実的な状況の中で知識を活用していくことができるようになることが目指されています。そのことを答申では以下のように述べています。

> 　単に知識を記憶する学びにとどまらず、身に付けた資質・能力が様々な課題の対応に生かせることを実感できるような、学びの深まりも重要になる。　　　　　　　　　　　　　（中央教育審議会，2016：47）

　つまり，恐竜についての前述の例も，現時点では知識の記憶にとど

まってしまいます。知識を深めた先には，「今，恐竜がいたらどんな世界だろう」と，現代との関係で知識を関連づけていくことがあります。すると子どもは，「恐竜がいたら人間は食べられてしまう」「人間がもし恐竜を倒せたとしたら，恐竜が人に危険な生き物なら一緒には暮らせない」など，地球上では気候や環境の変化に適応できた動植物が生き残ることと，捕食者という食物連鎖の関係といった生態系に関する知識について学ぶことができます。

　こうした自身の生活に関連した学びは，「アクティブ・ラーニング」の視点と「生きる力」のところでみてきた内容とつながっていきます。それは，誰も経験したことがない状況や課題に向かっていくことが必要になっている中，能動的に状況や課題に取り組む姿勢を育むことが必要であるというところです。そして，能動的に取り組む中で，現実的な状況の中で知識を活用していくという深い学びが必要となるのです。

3　幼稚園教育と「主体的・対話的で深い学び」

1．総合的にすすむ「主体的・対話的で深い学び」

　主体的な学び，対話的な学び，深い学びという 3 つの学びは「今日は主体的な学びをします」「今日は深い学びをします」と分けて指導計画を立てたり，子どもに「させる」ことができません。「主体的・対話的で深い学び」は，子ども自身が自発的に学ぶときに起こっている学びそのものであり，学びの本質なのです。つまり，主体的な学びと対話的な学びと深い学びは，一体的に実現されています。答申ではこのことを以下のように述べています。

> 　これら「主体的な学び」「対話的な学び」「深い学び」の三つの視点は，子供の学びの過程としては一体として実現されるものであり，また，それぞれ相互に影響し合うものでもあるが，学びの本質として重要な点を異なる側面から捉えたものであり，授業改善の視点としてはそれぞれ固有の視点であることに留意が必要である。単元や題材のまとまりの中で，子供たちの学びがこれら三つの視点を満たすものになっているか，それぞれの視点の内容と相互のバランスに配慮しながら学びの状況を把握し改善していくことが求められる。
>
> （中央教育審議会，2016：50）

こうした学びの本質として重要な点を異なる3つの側面から捉えるという考え方が，幼稚園教育における5領域の考え方に似ています。つまり，子どもたちの活動を「健康」「人間関係」「環境」「言葉」「表現」という5つの観点から見取るように，子どもたちの活動を「主体的な学び」「対話的な学び」「深い学び」という3つの観点から見取ることが今日では重要視されています。さらに，幼稚園教育の基本となる遊びは，子どもの興味関心をもとに展開する時点で主体的であり，友だちとともに遊びながら世界を広げていく過程に対話的で深さを伴う学びの姿を見出すことができます。そうした意味でも，「主体的・対話的で深い学び」を意識することは，幼稚園教育においても大事なことだといえるでしょう。そして，「主体的・対話的で深い学び」を通して，どのような資質・能力，幼稚園であれば幼児期の終わりまでに育ってほしい姿を目指しているのかを保育者は意識しておくことが必要です。

2．幼稚園教育での「主体的・対話的で深い学び」とは

「主体的・対話的で深い学び」は，子ども自身が自発的に学ぶときに起こっている学びそのものであり，学びの本質でした。これは，幼稚園教育で尊重されてきた遊びと非常に関わりの深い学びの捉え方です。幼稚園教育での「主体的・対話的で深い学び」の視点について，答申は以下のように述べています。

> 幼児教育における重要な学習としての遊びは，環境の中で様々な形態により行われており，以下のアクティブ・ラーニングの視点から，絶えず指導の改善を図っていく必要がある。その際，発達の過程により幼児の実態は大きく異なることから，柔軟に対応していくことが必要である。　　　　　　　　　　（中央教育審議会，2016：80）

幼稚園教育での「主体的・対話的で深い学び」の捉え方と第2節でみてきた小学校以上の校種の「主体的・対話的で深い学び」の捉え方の違いを表8-1にまとめました。違いは，育成しようと目指す資質・能力と関係しています。

子どもの遊びは，子ども自身の興味関心に基づいています。そのため，主体的な学びは幼稚園教育の基本といえるでしょう。主体的な学びを基本としながら，幼稚園教育では3年間を通して協同性を養うことなど[4]（幼児期の終わりまでに育ってほしい姿）を育むことが目指されています。学校教育の中では協同のほかにも協働[5]という言葉が使われますが，幼稚

▷4　協同
共通の目的の達成のために，他者とともに協力して関わること。幼児教育・保育では，友だちの気持ちを思いやるなどの共感する気持ちを育みながら，ともに活動することの楽しさや，幼児同士で物事をやり遂げていくようになる姿とされる。

▷5　協働
小学校学習指導要領では「よりよい学校教育を通してよりよい社会を創るという理念を（中略）社会との連携及び協働によりその実現を図っていく」と述べられている。また，中教審は今日の学校教育が子どもたちに育もうとしている資質・能力の一つである学びに向かう力・人間性等の涵養について「多様性を尊重する態度と互いのよさを生かして協働する力，持続可能な社会づくりに向けた態度，リーダーシップやチームワーク，感性，優しさや思いやりなど，人間性等に関するもの」（中央教育審議会，2016：31）が含まれると述べている。これらの記述から，協働は幼児同士で育んだ協同性に，協力して働き社会と関わっていくという意識が加えられていると考えられる。

表8-1　主体的な学び，対話的な学び，深い学びの比較

	小学校等	幼稚園
主体的な学び	学ぶことに興味や関心をもち，自己のキャリア形成の方向と関連づけながら，見通しをもって粘り強く取り組み，自己の学習活動を振り返って次につなげる	周囲の環境に興味や関心をもって積極的に働きかけ，見通しをもって粘り強く取り組み，自らの遊びを振り返って，期待をもちながら，次につなげる
対話的な学び	子ども同士の協働，教職員や地域の人との対話，先哲の考え方を手がかりに考えること等を通じ，自己の考えを広げ深める	他者との関わりを深める中で，自分の思いや考えを表現し，伝え合ったり，考えを出し合ったり，協力したりして自らの考えを広げ深める
深い学び	習得・活用・探究という学びの過程の中で，各教科等の特質に応じた「見方・考え方」を働かせながら，知識を相互に関連づけてより深く理解したり，情報を精査して考えを形成したり，問題を見出して解決策を考えたり，思いや考えをもとに創造したりすることに向かう	直接的・具体的な体験の中で，「見方・考え方」を働かせて対象と関わって心を動かし，幼児なりのやり方やペースで試行錯誤を繰り返し，生活を意味あるものとして捉える

出典：中央教育審議会（2016）「幼稚園，小学校，中学校，高等学校及び特別支援学校の学習指導要領等の改善及び必要な方策等について（答申）」をもとに筆者作成。

園では前者が，小学校以上では後者がよく用いられます。幼稚園の段階では，友だちや保育者などとの関わりを通して自分の世界を広げていく協同性を育むことを目指していますが，小学校以上では子ども同士で学級の問題に向き合ったりするなどして問題を解決しようする，または組織を構成しようという協働が目指されます。幼稚園では発達段階からみて，協働はまだ設定することが難しいのです。しかし，子どもたちは家庭から離れ友だちや教師などの他者とともに生活する経験を通して，対話的な学びの土台を養います。そして深い学びについては，幼稚園の中での生活と遊びが，子どもにとっては現実的な状況の中での学びの場として機能しています。幼稚園では小学校のように，達成しなければならない目標や知識・技能が設定されているわけではありませんが，子どもたちは，幼稚園生活で自分の生活における課題と日々向き合うことを通して深い学びの土台を養っています。

　保育者は，子どもたちがもつ学ぶ力を小学校以上の学習でも維持・発展させていけるような援助を行い，卒園までという長い期間の中で子どもの成長を支援していきます。幼稚園で行われている遊びを通した総合的な学びを，資質・能力と幼児期の終わりまでに育ってほしい姿と「主体的・対話的で深い学び」の観点から捉えると，図8-3のように示すことができます。横（幼児期の終わりまでに育ってほしい姿）の重なりと縦（主体的な学び・対話的な学び・深い学び）の厚みという立体的な構造で子どもの資質・能力が育まれていくといえます。幼稚園教育では，伝統的に「主体的・対話的で深い学び」になじみ深い学びの捉え方がされてきました。今後は，学校教育全体の一貫性を意識しながら，子どもの学び

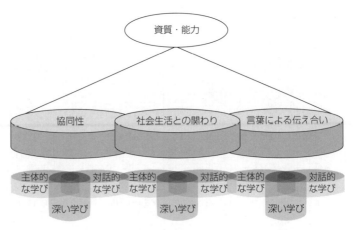

図8-3 幼稚園での資質・能力の育成構造
出典：筆者作成。

について考える必要があるでしょう。そのためには，小学校で求められる「主体的・対話的で深い学び」がどのようなものかを把握した上で，改めて幼稚園教育で求められている学びについて理解を深めることが求められています。

> **演習問題**
>
> (1)　なぜ「アクティブ・ラーニング」から「主体的・対話的で深い学び」へと言葉が変わったのか，その理由をまとめてみましょう。
> (2)　主体的な学び，対話的な学び，深い学びを，自分のこれまでの人生を振り返って書き出してみましょう。

引用・参考文献

中央教育審議会（2012）「新たな未来を築くための大学教育の質的転換に向けて——生涯学び続け，主体的に考える力を育成する大学へ（答申）」（https://www.mext.go.jp/component/b_menu/shingi/toushin/__icsFiles/afieldfile/2012/10/04/1325048_1.pdf. 2020年11月4日アクセス）。

中央教育審議会（2016）「幼稚園，小学校，中学校，高等学校及び特別支援学校の学習指導要領等の改善及び必要な方策等について（答申）」（https://www.mext.go.jp/b_menu/shingi/chukyo/chukyo0/toushin/__icsFiles/afieldfile/2017/01/10/1380902_0.pdf. 2020年11月1日アクセス）。

伏見陽児（2011）「学習」内亮一・本吉修二・明石要一編集代表『教育学用語辞典（第四版改訂版）』学文社。

文部科学省「『主体的・対話的で深い学び』の実現」（https://www.mext.go.jp/content/1421692_8.pdf. 2020年11月4日アクセス）。

文部科学省「新しい学習指導要領の考え方——中央教育審議会における議論から改訂そして実施へ」（https://www.mext.go.jp/a_menu/shotou/new-cs/__icsFiles/afieldfile/2017/09/28/1396716_1.pdf. 2020年11月4日アクセス）。

第9章
幼児理解に基づいた評価

幼稚園の教育ではテストや成績表はありません。その代わりに「幼児理解に基づいた評価」が実施されています。幼児は自分の思いや考えを言葉で表現できるとは限らないため，子どもたちの表情や言動だけでなく，その子どもに関する様々な情報を組み合わせながら幼児の思いや考え，よさや可能性を理解しなければなりません。本章では，「幼児理解に基づいた評価」についてその考え方と方法を学んでいきましょう。

1 「幼児理解に基づいた評価」の基本的な考え方

はじめに，幼稚園教育要領に記載されている「幼児理解に基づいた評価」が一体どのようなものであるか，確認しておきましょう。

1. 幼稚園教育要領における「幼児理解に基づいた評価」

幼稚園教育要領は，学校教育法に基づく教育目標の実現に向けた幼稚園での教育課程や保育内容の基準を示すものです。「幼児理解に基づいた評価の実施」は，幼稚園教育要領の中で以下のように書かれています。

幼児一人一人の発達の理解に基づいた評価の実施に当たっては，次の事項に配慮するものとする。
(1) 指導の過程を振り返りながら幼児の理解を進め，幼児一人一人のよさや可能性などを把握し，指導の改善に生かすようにすること。その際，他の幼児との比較や一定の基準に対する達成度についての評定によって捉えるものではないことに留意すること。
(2) 評価の妥当性や信頼性が高められるよう創意工夫を行い，組織的かつ計画的な取組を推進するとともに，次年度又は小学校等にその内容が適切に引き継がれるようにすること。

(幼稚園教育要領，2017：11)

幼稚園教育要領を参照すると，第一に指導の過程を振り返ることを通して，幼児一人ひとりの考えや特徴，どのように育っているかを把握することで，指導の方法を改善していくことが教師には求められています。

第二に，評価は教師一人が独断で行うものではなく，幼稚園全体で計画的に，そして複数の人の目を通すことでできる限り先入観を取り除いて幼児の発達の姿を捉えることが必要です。また，留意すべきこととして，他の幼児と比較することや，何歳までにどんなことができているべきというような基準に照らし合わせて幼児の発達の度合いをテストすべきではありません。

2．指導要録の作成と「幼児理解に基づいた評価」の関係性

幼稚園は学校教育法に基づく学校で，文部科学省が所管しています。小学校等と同様に幼稚園も指導要録の作成が義務づけられています[1]。

指導要録は年度末に作成するものですが，このとき，日常的に行われる「幼児理解に基づいた評価」の実施やそれに基づく記録が活かされます。指導要録として，「学籍に関する記録」（表9-1）と「指導に関する記録」（表9-2）の2種類を記入することになっています。「学籍に関する記録」は，ある幼児がたしかにその幼稚園で教育を受けたことを示すものです。「指導に関する記録」は，一年間の指導の過程とその結果が要約して記入されるもので，次年度の適切な指導に役立てられます。「指導に関する記録」は一人ひとりの幼児の発達の姿や教師の指導についての評価が記録されるものです。ここでは「指導に関する記録」の中で「指導の重点等」と「指導上参考となる事項」の項目を取り上げます。「指導の重点等」では，指導をする上で学年全体に対して重視したことと個々の幼児に対して重視してきたことを書きます。学年全体に対する指導上の重点は，各幼稚園の教育課程や指導計画の中で，学年全体で指導の重点として目指してきたものであるため，年度の初めに設定されるものです。個々の幼児に対する指導の重点は，一年間の指導を振り返って記入されます。「指導上参考となる事項」は，幼稚園教育要領の「ねらい及び内容」に示されている健康，人間関係，環境，言葉，表現の5領域のねらいを視点として，幼児一人ひとりの発達が著しいと思われることや，次の年度の指導をよりよいものにするための配慮事項を記載します。

小学校以上の学校教育では評価方法の一つとしてテストがありますが，幼稚園ではありません。そのため，幼稚園では幼児理解に基づいた評価によって，「指導に関する記録」が作成されます。毎日の保育実践の中で幼児の様子をよく観察し，一日の保育を省察し，気づいたことや悩みを記録として日々残しておくことがとても重要です。

▷1　学校教育法施行規則第24条で，「校長は，その学校に在学する児童等の指導要録（学校教育法施行令第31条に規定する児童等の学習及び健康の状況を記録した書類の原本をいう。以下同じ。）を作成しなければならない」とされている。また，学校教育法施行規則第28条第2項において，「学籍に関する記録」は20年間，「指導に関する記録」は5年間，保存しなければならないと定められている。

表 9-1　学籍に関する記録

別添資料1

（様式の参考例）

幼稚園幼児指導要録（学籍に関する記録）

区分＼年度	平成　　年度	平成　　年度	平成　　年度	平成　　年度
学　　級				
整理番号				

幼　児	ふりがな 氏　名		性　別	
	平成　　年　　月　　日生			
	現住所			

| 保護者 | ふりがな
氏　名 | |
| | 現住所 | |

入　　園	平成　　年　　月　　日	入園前の 状　　況	
転 入 園	平成　　年　　月　　日		
転・退園	平成　　年　　月　　日	進学先等	
修　　了	平成　　年　　月　　日		

| 幼 稚 園 名
及び所在地 | |

年度及び入園（転入園） ・進級時の幼児の年齢	平成　　年度 　歳　か月	平成　　年度 　歳　か月	平成　　年度 　歳　か月	平成　　年度 　歳　か月
園　　　長 氏　名　　印				
学級担任者 氏　名　　印				

出典：文部科学省（2018）「幼稚園及び特別支援学校幼稚部における指導要録の改善について（通知）」（https://www.mext.go.jp/ a_menu/shotou/youchien/__icsFiles/afieldfile/2018/04/02/1403169_01.pdf. 2020年11月30日アクセス）。

表9-2　指導に関する記録

（様式の参考例）

幼稚園幼児指導要録（指導に関する記録）

ふりがな 氏名 平成　年　月　日生	指導の重点等	平成　年度 (学年の重点)	平成　年度 (学年の重点)	平成　年度 (学年の重点)
性別		(個人の重点)	(個人の重点)	(個人の重点)

ねらい （発達を捉える視点）	指導上参考となる事項			
健康	明るく伸び伸びと行動し、充実感を味わう。			
	自分の体を十分に動かし、進んで運動しようとする。			
	健康、安全な生活に必要な習慣や態度を身に付け、見通しをもって行動する。			
人間関係	幼稚園生活を楽しみ、自分の力で行動することの充実感を味わう。			
	身近な人と親しみ、関わりを深め、工夫したり、協力したりして一緒に活動する楽しさを味わい、愛情や信頼感をもつ。			
	社会生活における望ましい習慣や態度を身に付ける。			
環境	身近な環境に親しみ、自然と触れ合う中で様々な事象に興味や関心をもつ。			
	身近な環境に自分から関わり、発見を楽しんだり、考えたりし、それを生活に取り入れようとする。			
	身近な事象を見たり、考えたり、扱ったりする中で、物の性質や数量、文字などに対する感覚を豊かにする。			
言葉	自分の気持ちを言葉で表現する楽しさを味わう。			
	人の言葉や話などをよく聞き、自分の経験したことや考えたことを話し、伝え合う喜びを味わう。			
	日常生活に必要な言葉が分かるようになるとともに、絵本や物語などに親しみ、言葉に対する感覚を豊かにし、先生や友達と心を通わせる。			
表現	いろいろなものの美しさなどに対する豊かな感性をもつ。			
	感じたことや考えたことを自分なりに表現して楽しむ。			
	生活の中でイメージを豊かにし、様々な表現を楽しむ。			

出欠状況		年度	年度	年度	備考			
	教育日数							
	出席日数							

学年の重点：年度当初に、教育課程に基づき長期の見通しとして設定したものを記入
個人の重点：１年間を振り返って、当該幼児の指導について特に重視してきた点を記入
指導上参考となる事項：
(1) 次の事項について記入すること。
　①１年間の指導の過程と幼児の発達の姿について以下の事項を踏まえ記入すること。
　　・幼稚園教育要領第２章「ねらい及び内容」に示された各領域のねらいを視点として、当該幼児の発達の実情から向上が著しいと思われるもの。
　　　その際、他の幼児との比較や一定の基準に対する達成度についての評定によって捉えるものではないことに留意すること。
　　・幼稚園生活を通して全体的、総合的に捉えた幼児の発達の姿。
　　②次の年度の指導に必要と考えられる配慮事項等について記入すること。
(2) 幼児の健康の状況等指導上特に留意する必要がある場合等について記入すること。
備考：教育課程に係る教育時間の終了後等に行う教育活動を行っている場合には、必要に応じて当該教育活動を通した幼児の発達の姿を記入すること。

出典：文部科学省（2018）「幼稚園及び特別支援学校幼稚部における指導要録の改善について（通知）」（https://www.mext.go.jp/a_menu/shotou/youchien/__icsFiles/afieldfile/2018/04/02/1403169_01.pdf. 2020年11月30日アクセス）。

3．幼児理解の基本的な考え方

　幼児理解とはどのようなものでしょうか。文部科学省が指導資料として2019年に発行している「幼児理解に基づいた評価」を参照すると，幼児理解には2つの要素があります。まず一つ目に「幼児を理解するとは一人一人の幼児と直接に触れ合いながら，幼児の言動や表情から，思いや考えなどを理解しかつ受け止め，その幼児のよさや可能性を理解しようとすること」（文部科学省，2019：9）です。

　もう一点，幼児を理解することとは，「教師の関わり方に目を向けること」（文部科学省，2019：9）でもあります。幼児の生活の姿，行動，心の動きには教師の関わり方が少なからず影響を与えています。幼児の表情や言動のみに着目するのではなく，教師のどのような関わりの中で幼児の言動や心の動きが起こっているのかを理解しようとすることが大切です。

4．保育における評価の基本的な考え方

　保育における評価は，ランクづけで優劣を決めたり，成績表をつけたりすることではありません。指導資料によると，保育における評価とは，「保育の中で幼児の姿がどのように変容しているかを捉えながら，そのような姿が生み出されてきた様々な状況について適切かどうかを検討して，保育をよりよいものに改善するための手掛かりを求めること」（文部科学省，2019：10）です。ここから，保育における評価には，①幼児の発達する姿を捉えること，②教師の指導が適切であったかを振り返ること，の2つが必要とされていることがわかります。また，評価は日常的に行われるものであることにも留意しておく必要があります。日常的に行われる振り返りは，記憶にとどめるだけでなく日誌やメモとして記録しておくことが重要です。記録に残すことで，長期的な幼児の変化の把握や指導の過程の振り返りが可能になり，他の教師と記録を共有することで多面的な評価ができるようになります。

② 「幼児理解に基づいた評価」の方法

　「幼児理解に基づいた評価」を実施していくために，本節では，幼児理解の方法，それに基づいた評価の方法について学んでいきます。

1．幼児理解の手がかり

　保育における評価には幼児理解が大切です。幼児理解とはどのような意味なのか，具体例をまじえてもう少し詳しく説明します。圓入智仁は，文部科学省が発行している資料から，「幼児理解とは，①幼稚園で生活している幼児と触れ合いながら，②幼児の言動や表情を観察し，③幼児が経験，思い，考えていることを受け止め，④幼児らしさ，よさや可能性を理解しようとすること」（圓入，2016：2）というように，4つの項目に分けて，それぞれの内容を整理しています。本章では，圓入（2016）を参照しつつ，5つ目として「教師自身の関わりを振り返る」を加えます。その上で，2019（平成31）年度に発行された指導資料の中で，幼児理解をするにあたって，5つの項目がどのように役立つか説明している箇所を整理したいと思います。より具体的に想像できるように，以下の事例を用いて考えてみましょう。

【事例　s児とr児の積み木遊びから（4歳児　5月）】

　保育室の中央に積んでおいた中型の積み木に，s児が登園してくるなりすぐに興味を示し，積んだり並べたりし始めた。何を作るというわけではなさそうだが，思いつくまま置いている。何となく囲いのようになったので，教師が「この中に入りたいな」と声を掛けた。s児は，はっとしたというような表情をして，一つの角を戸のように開けて「ここから入るの」と開け閉めしている。そこへ，r児が来て，「僕もやりたい」と頼んでいる。s児に「だめ」と言われて，s児の周りをうろうろしている。しばらくしてr児は「手伝ってあげる」と言って，s児の表情を見ながら，やっと積み木遊びに参加し始めた。　　　　　　　　　（文部科学省，2019：19から抜粋）

---

①幼稚園で生活している幼児とのふれあい

　幼児を理解するためには，「保育の中で幼児と触れ合いながら，ありのままの姿を受け止めていくという，ごく日常的な教師の行為が大切」（文部科学省，2019：40）です。また，「自分たちと一緒の生活を本当に楽しんでいる教師の下では，幼児一人一人が安心して伸び伸びと遊び，自分の世界を広げていくことができ」（文部科学省，2019：40）ます。教師は幼児とのふれあいの中で，幼児が何を考え，思っているのかを感じ取ることが重要です。また，教師が幼児とのふれあいを楽しむことで，幼児たちは安心して表現したり，新しいことに挑戦したりできるようになります。

　ただし，教師が幼児と密着してふれあうことでみえにくくなる部分もあるので注意が必要です。「幼児の生活する姿は，教師との相互関係の

中で生まれてくるものですから，教師が密着し過ぎると枠がはめられて，幼児が自主性を発揮しにくくなることもあるのです。また，保育は，幼児が周囲の環境との関わりを通して，自分の世界を広げていくことを支える営みです」（文部科学省，2019：41）。

　では積み木遊びの事例で考えてみましょう。教師は，「この中に入りたいな」と声をかけてｓ児の遊びに参加します。これをきっかけに，ｓ児は積み木で作ったものを扉に見立てて，新しい遊びを展開し始めました。ここにはふれあいを通して，教師はｓ児が工夫して遊んだり，自分の考えを自由に表現して楽しんだりする姿に気づくことでしょう。一方，ｒ児とのふれあいに関してはどうでしょうか。ｒ児は教師から困った行動をする幼児と認識されており，以前のｒ児ならば相手が作っているものを壊して自分の思い通りに参加しただろうと想像されていますが，ここではｒ児はｓ児からの拒否を受けて手伝うという形で関わり参加しようとしています。教師が「遊びに入れてあげなさい」と直接介入したら，ｓ児にとっては自分の遊びを中断された，ｒ児にとっては教師の力で自分の思い通りに達成されたという体験になるかもしれません。しかし，教師がｓ児とｒ児に介入せず見守ったことで，幼児同士の関わりからそれぞれの発達の姿が浮かび上がってきたと捉えることができるでしょう。

②幼児の言動や表情の観察

　幼児を理解する上で，観察は欠かせません。観察によって幼児の内面を理解することについて，指導資料では以下のように書かれています。

> 　幼児は自分の心の動きを言葉で伝えるとは限らないということです。（中略）幼児は，自分の内面を言葉だけでなく，表情や動きといった身体全体で表現しています。（中略）大切なことは，教師が身体全体で幼児に触れ，その思いや気持ちを丁寧に感じ取ろうとする姿勢をもつことであり，教師自身の枠組みに当てはめて，決め付けないことでしょう。
> 　　　　　　　　　　　　　　　　　　　　　　　（文部科学省，2019：35）

　ｓ児とｒ児の積み木遊びの事例で考えると，ｓ児がはっとした表情をするとき，ｒ児がｓ児に拒否されてｓ児の周囲をうろうろする様子，ｒ児がｓ児の表情を気にかけながら遊び始める様子から，教師もｓ児やｒ児の思いを感じ取ることができるのではないでしょうか。その際，ｓ児は積み木を独占しようとしている欲張りな子だとか，ｒ児はまたｓ児の邪魔をするだろうといった先入観は取り払って観察することが重要です。
　観察するとき，先入観は取り払われるべきですが，教師が主観的に感

じ取ったことも幼児を理解する上では重要です。なぜなら，幼児理解においては，ｓ児が「だめ」と言ったとか，ｒ児はうろうろしたあと「手伝ってあげる」と言ったという事実だけでは，幼児の心の動きを捉えることはできないからです。鯨岡峻は，「単に『私』が経験した外の風景の感動を表現するといったことではなく，関わる相手が感じたり思ったりしているその生のありよう，あるいは関わり手である『私』の感じるその場の『動き』や『息遣い』をこの『私』を通して捉え，それを『私』を経由して表現するということ」を，「間主観的に把握されるもの」（鯨岡・鯨岡，2007：16）と呼んでいます。鯨岡によると，教師は，幼児の思いや考えを間主観的につかむことができ，それによって幼児が何を思い考えているのかわかる，という感覚を覚えます。もちろん，それが思い違いである場合もあります。理解を的確なものに修正していくために，本当にそうだろうか，と問い続けることが大切です。こうした観察に基づいて，心に残った出来事を記述する方法として，「エピソード記述」があります。第3節で詳しく説明します。

③幼児が経験し，思い，考えていることの受け止め

　幼児とふれあい，観察する中で，幼児のありのままを感じ取り，受け止めることで幼児の理解は深まります。指導資料の中では，活動の意味，すなわち幼児がどんな経験をしているのかを受け止めることに関して，以下のように書かれています。

> 　幼児がやりたいこと，関わりたいことは何なのかを考え，その幼児にとってその活動を展開する意味を理解していくことが幼児一人一人の発達する姿を捉えることになり，また，その活動を通して幼児一人一人が発達にとって必要な経験を得ているかどうかという評価へとつながっていくのではないでしょうか。（文部科学省，2019：20）

　また，気持ちを受け止めることに関して以下のようなことが書かれています。

> 　保育の中で教師は，ともすると大人と話すように，「がんばりなさい」，「こうやればいいのよ」，「どうしてなの？」など，表面に表れた事柄だけに目を向けて励ましたり，やり方を指示したり，理由を問いただしたりしがちです。そうではなく，言葉や行動の底にある幼児の気持ちを受け止め理解しようとすることが大切なのです。
>
> （文部科学省，2019：40）

　s児とr児の積み木遊びを考えてみましょう。同じ活動をしていても，遊びのイメージが異なることはよくあります。s児にとっては積み木を使っていろいろなものを作ることができる楽しさを味わう体験である一方，r児にとっては，s児と一緒に遊ぶことに意味が見出されます。一人ひとりの体験を丁寧にみて，前後や周囲との関係性を踏まえることで活動の意味を理解することができます。活動の意味を捉えることで，s児やr児が何を思い，考えているのかを理解することにつながります。また，気持ちを受け止めるという視点でみると，教師は介入することなくs児とr児のやりとりを見守ったことで，s児が自分の遊びを思い通りに続けたいという気持ち，r児が他の幼児との遊びにまざりたいという気持ちを受け止め，s児とr児の発達する姿に気づくことができます。したがって，幼児の経験の意味や気持ちを受け止めることは，幼児に対する思い違いや発達する姿に気づくことにおいて，大切なことであるといえます。

④幼児らしさ，よさや可能性の理解

　その子らしさやよさ，可能性は幼児の発達の過程から理解することができます。指導資料には，幼児の発達する過程を捉えるためには以下のことが必要だと書かれています。

　幼児は，自ら能動的に環境に働き掛け，発達に必要な経験を得ていく力をもっています。したがって，まず，幼児が発達しようとしている姿を読み取る目が必要です。（中略）次に，幼児の行動から内面を理解することによってどのような発達がなされているかを読み取ることが必要です。
　　　　　　　　　　　　　　　　　　　　　（文部科学省，2019：21）

---

　s児とr児の積み木遊びの例で考えると，s児は自分の思うままを表現する方向において発達している一方，r児は友だちと一緒に遊ぼうと工夫しようとする方向で発達しつつあるといえます。幼児一人ひとりがどのように変化しているかを捉えようとする姿勢が教師には求められます。また，幼児の言動の観察に基づいて，幼児の考えや思いを理解することが大切です。このことによって，幼児がもつ個性やよさ，可能性を把握することができます。

⑤教師自身の関わりを振り返る

　教師は幼児にとって身近な存在であるため，自身のふるまいが子どもに影響を与えることもあります。したがって自身のふるまいを振り返ることが大事です。指導資料には以下のように書かれています。

> 　日々の保育を記録に取り，その記録から個々の幼児の生活の変化や生活を生み出した状況を捉えることとともに，記録から保育の中での教師自身の姿に気付くことも保育を改善するために欠くことのできない重要なことです。
>
> 　　　　　　　　　　　　　　　　　　　　（文部科学省，2019：51）

　一日の保育を振り返って，心に残った出来事を記録したり，他の教師と話し合ったりすることで，保育の改善の手がかりができるだけでなく，幼児への理解を改めることもあるでしょう。教師は，幼児にどのような体験をしてほしいか，どう育ってほしいかという方向性に基づいて活動の「ねらい」を設定し，指導計画を立て，活動を展開する中で幼児の考えや思いを理解しようとします。津守真は，一日を終えて幼児の様子ややりとりを振り返ることで，子どもが生きていた世界が意識化され，意味を与えられるといいます。このように，振り返って幼児のふるまいに込められた意味に気づくことを「省察」と呼びます。津守は，「子どもとともに時を過ごしていたときには漠然と理解されていたことが，距離をおいてみるときに，より明瞭に意識化され，省察によって意味を与えられる」（津守，2007：185）といいます。振り返るとき，子どもの今日までの様子を遡って考えたり，子どもの家庭の情報なども合わせて考えることができます。s児とr児の積み木遊びの事例で考えてみると，保育の最中には，教師はr児の言動がr児にとってどんな意味のある出来事だったのかまで考える余裕はないかもしれません。保育終了後に今日の出来事をこれまでのr児の様子と合わせて振り返ることで，「手伝ってあげる」と言ってs児と一緒に遊ぼうと試みたことは，r児にとって大きな発達の瞬間であったことに気づかされるでしょう。

2．妥当性と信頼性を高めるための工夫

　幼児理解に基づく評価において，教師の主観を取り除くことは不可能です。前項でも述べた通り，幼児を理解するために教師の主観も大切にしなければなりません。評価をできる限り妥当で信頼性の高いものにするために，指導資料では4つの提案がなされています。まず，「教師自身の幼児との関わりを振り返る」こと，次に「園全体で組織的，計画的に取り組む」こと，「保護者に幼児が育つ姿を伝え，共有する」こと，そして「幼児の発達の状況を次の指導者又は小学校等に伝える」（文部科学省，2019：59，61，63）ことです。

　この中で特に学んでおきたいのは，保育の直後に振り返り，出来事の

意味を考えること，すなわち「省察」です。これは前項の「教師自身の関わり方を振り返る」で説明しました。幼児理解に基づいた評価は，教師自身の幼児に対する見方，関わり方の影響を受けます。振り返って意味を考えたり，他の教師と意見交換をしたりすることで，幼児理解に基づいた評価の妥当性・信頼性は高まるでしょう。

　また，幼児の理解が妥当か，信頼できるかは，必ずしも普遍的かつ客観的であるということではないことにも留意しておく必要があります。教師は幼児とふれあう中で一人ひとりの幼児の考えや思考を理解しようとします。教師は当事者として幼児の世界をあるがままに受け止めて意味を理解しようと試みます。したがって，浜田順子（1999）がいうように，保育の評価において大切なのは，観察をしている教師自身の主観性も織り込まれた上で，その幼児に対する認識として妥当であるという意味における客観性です。しかし，教師の主観性はすべて許容されるかというとそうではありません。幼児の理解が妥当なものになるためには，先入観はできる限り取り払う努力をしなければなりません。ここでいう先入観というのは，うろうろと動き回る子どもは「落ち着きのない子」である，という思い込みのようなものです。こうした思い込みは，他の教師や保護者と情報交換し，省察する中で修正されていきます。

３　記録の活用

　幼児を理解し，評価する際の手助けとなる記録には唯一の決まった方法があるわけではありません。ここでは，記録がなぜ大切なのか，記録をどのように保育に活かせるかについて学んでいきましょう。

１．記録の意義と活用方法

　記録には様々な種類があります。ここでは指導資料を参考に，日々の保育の記録の重要性について考えたいと思います。第一に，幼児理解を深めるために記録は重要です。心に残った出来事や，幼児の言動や心の動きについて一定期間記録しておくことで，省察するときにその日の出来事だけでなく，記録を読み返して幼児を理解できるようになります。また，教師は幼児全体を把握しながら一人ひとりの幼児の姿を捉える際にも，記録を読み返すことで集団としての傾向や一人ひとりの幼児の理解が深まっていきます。第二に，幼児の実態から保育を構想するために記録は重要です。日々の記録を材料として幼児理解を深めることで，幼児に即した指導計画を作成することができます。第三に，教師の関わり

を振り返ってまとめられた記録は，自分の幼児観や保育観を自覚するために重要なものです。第四に他の教師と共有し自分の保育を見直すときにも記録が活用されます。過去のことは忘れてしまいますが，記録があればこれに基づいて他の教師と話し合うことができます。第五に，記録は保護者との連携に生かされるという点で重要です。保育や幼児の様子を保護者に伝え共有することで，保護者の不安が軽減されることもあります。

２．記録の活用事例──幼児理解の方法としての「エピソード記述」

　記録は幼児理解に基づく評価において重要なものです。記録の方法は様々ですが，その一つとして近年関心が高まっている「エピソード記述」を紹介します。

　保育におけるエピソード記述とは，簡潔にいえば，保育の場面で心に残った出来事を幼児と教師自身の心の動きに注目して記録し，エピソードの記録から意味を見出そうとするものです。教室になかなか入ろうとしなかった幼児が楽しげに他の幼児と遊び始めたとき，教師は驚いたり喜びを感じたり，幼児の新たな側面に気づいたりするでしょう。鯨岡・鯨岡（2007）によると，この体験を他の人に伝えたい，わかってほしいという思いに基づいて，相手と関わる中で自分自身が体験し，感じたあるがままの出来事を他の人に伝えるために描き出そうとする方法がエピソード記述です。エピソード記述は，起こったことや感じたことを単に文字で書く記録とは異なります。そのエピソードに意味を見出すことが重要なのです。さらに，エピソードのあるがままを把握する上で，背景となる客観的な出来事や情報も踏まえる必要があります。以上のことからも，省察することとエピソード記述という方法は互いに関係し合っているといえます。指導資料の中にあるエピソード記述の事例をみてみましょう。

> 　○月○日　　クイズ形式で出席ノートを返す。クイズは，一人ずつのエピソード，特性を織り込みながらそれが誰であるのかを当てていくもの。一人一人をよく知っておかなければクイズにならないことから，<u>私の一人一人についての把握の甘さを思い知らされた</u>というのが終わってからの実感。苦しまぎれに，「紺色のソックスをはいている人です」とか，「今日泣いた子です」とか逃げ道をつくったりもする。しかし，<u>幼児たち同士の情報収集力は，日増しにパワーアップしている</u>なと感心する。確実に誰かが当てていく。お互い<u>クラスメートとして親しい間柄になってきていることが分かる。</u>
>
> 　　　　　　　　　　　　　　　（文部科学省，2019：46から抜粋。下線は筆者）

▷2　このほかにも，近年「ドキュメンテーション」と呼ばれる手法への注目も高まっている。これはレッジョ・エミリアアプローチと呼ばれる教育法に由来するといわれている。

　下線を引いたところは，教師自身がどうみたか，自分自身の主観において何を感じ，どのように出来事をみていたのか，そして自分がどのようにその場に関わろうとしていたかが盛り込まれていると思われる部分です。このように，教師の体験や思いを含めて出来事を記述することで，そのときだけのありようが他の人と共有可能になります。こうした記述を残しておくことで，他の教師と話し合ったり，幼児の理解を深めたり，次の指導に生かしたりすることができるようになるのです。

> **（演習問題）**
>
> 　今日，あなたの心に残ったエピソードを書き出してみましょう。エピソードを書きながら，頭に浮かんできた問いを記録し，エピソードの意味を考えてみましょう。

引用・参考文献

圓入智仁（2016）「幼児をいかに理解するか──文部科学省『幼児理解と評価』を手がかりに」『中村学園大学発達支援センター研究紀要』第7号，1-8頁。

鯨岡峻・鯨岡和子（2007）『保育のためのエピソード記述入門』ミネルヴァ書房。

津守真（2007）『子どもの世界をどうみるか──行為とその意味』日本放送出版協会。

浜田順子（1999）「保育実践研究における省察的理解の過程」津守真・本田和子・松井とし・浜口順子『人間現象としての保育研究（増補版）』光生館，155-191頁。

文部科学省（2019）「幼児理解に基づいた評価」（https://www.mext.go.jp/a_menu/shotou/youchien/07121724/__icsFiles/afieldfile/2019/05/15/1296261_1.pdf. 2020年11月30日アクセス）。

本章では，幼児教育・保育における遊びについて考えます。遊びは，幼児教育・保育の中心としての役割を与えられています。そして，子どもたちは遊びを通して学ぶという考え方が基本です。

しかし，どんな遊びが子どもにとってよいのでしょうか。子どもにとっての遊びについて一歩踏み込んで考え，遊びと学びとのつながりをより深く理解しましょう。

1 幼稚園教育要領における遊び

1. 自発的な活動としての遊び

本章では，「遊び」について考えてみたいと思います。遊びに関する理解は，環境を通して行う教育を行っていく上で，保育者にとってきわめて重要です。

遊びとは何か，という問いに対して，これまで多くの研究者・思想家による定義や考え方が提示されてきました[1]。本章ではそれらの哲学的な議論に踏み込むことはせず，幼稚園教育要領において，遊びがどのようなものとして捉えられているかを確認します。

幼稚園教育要領の本文では，「第1章　総則」「第1　幼稚園教育の基本」において，「幼児の自発的な活動としての遊びは，心身の調和のとれた発達の基礎を培う重要な学習であることを考慮して，遊びを通しての指導を中心として第2章に示すねらいが総合的に達成されるようにすること」とされています。

ここでまず重要なのは，遊びが「自発的な活動」とされている点です。これは，遊びが子どもの主体的な活動であることを示しています。

次に，「第2章に示すねらい」とは，5領域（健康・人間関係・環境・言葉・表現）にそれぞれ3つずつ示されたねらいのことです。そして，第3章で述べた環境を通して行う教育は，遊びを通しての指導が中心とならなければならないことが述べられています[2]。

また，「幼稚園教育要領解説」では，幼稚園教育の基本に関連して「特に重視しなければならないこと」として，3点が挙げられています。

▷1　たとえばカイヨワは，人間の遊びについて次のように述べている。「遊びは自由で自発的な活動，喜びと楽しみの源泉として定義されるべきである。参加を強要されたと感じる遊びは，たちまち遊びではなくなるであろう。（中略）遊戯者がそれに熱中するのは，自発的に，まったく自分の意志によってであり，快楽のためにである」（Caillois, 1967=1990：34）。

▷2　子どもの生活の中心は「遊び」である。遊びを中心とした日々の子どもの生活を重視する基本的姿勢は，欧米のプロジェクト型保育と比べても特徴的であるといわれている（秋田, 2009）。

表10-1の①では，保育者との信頼関係に支えられた安定感や安心感を基盤として，直接的な体験や友だちと十分に関わることのできる生活がふさわしいとされています。その上で，遊びが重要になってくることになります（表10-1②）。またその際には，一人ひとりの発達の特性に応じることが重要（表10-1③）となりますが，友だちと十分に関わることが同時に重視されていることを考えれば，一人ひとりの子どもが個別に遊ぶだけでは十分とはいえません。集団での遊びも同時に考えていく必要があります。

表10-1　幼稚園教育の基本に関し重視すべき点

①幼児期にふさわしい生活の展開
　・教師との信頼関係に支えられた生活
　・興味や関心に基づいた直接的な体験が得られる生活
　・友達と十分に関わって展開する生活
②遊びを通しての総合的な指導
　・幼児期における遊び
　・総合的な指導
③一人一人の特性に応じた指導
　・一人一人の発達の特性
　・一人一人に応じることの意味
　・一人一人に応じるための教師の基本姿勢

出典：「幼稚園教育要領解説」2018：29-35より。

2．遊びを通しての総合的な指導

表10-1の「②遊びを通しての総合的な指導」では，「幼児期における遊び」「総合的な指導」という 2 つの観点が示されています。

「幼児期における遊び」では，幼児にとっての遊びとはどのようなものかが示されています。「遊びの本質」は，「人が周囲の事物や他の人たちと思うがままに多様な仕方で応答し合うことに夢中になり，時の経つのも忘れ，その関わり合いそのものを楽しむこと」とされています。そして，このような体験が幼児の成長・発達にとって重要であるとされています。続いて，「幼児が周囲の環境に思うがままに多様な仕方で関わる」ことは，「幼児が周囲の環境に様々な意味を発見し，様々な関わり方を発見すること」であるとされています。ここから，遊びが環境を通して行う教育という方法と深くつながっていることがわかります。

▷3　第3章参照。

「総合的な指導」では，一つの活動の中に幼児の様々な発達の側面がみられるため，子どもの活動の中心が遊びであるとすれば，「おのずから総合的なものになる」とされています。

環境を通して行う教育という方法原理に基づいて準備された子どもたちの時間が遊び中心になっていれば，その育ちは総合的なものにならざるを得ないということです。そして，遊びとは，保育者が意図的に総合的であることを目指すような性質のものでもないことがわかります。最も重視されるのは，子どもにとって自発的な活動であるかどうかです。

遊びについて考える際には，自発的に遊ぶ子どもの姿を，どのようにイメージするかが重要です。加用文男（2017）は，主体性という言葉を，「自主性＋活力性」と表現しています。自発的活動としての遊びを楽しむ子どもの姿をして，この考え方は参考にできると考えられます。自主

▷4 ただし加用は同時に，「遊びは『ノリ性』と『気楽性』の間を揺れ動くもの」としており，「いつでも活力的に遊んでいなければならない」わけではなく，気楽にゆっくりと過ごす時間が重要であることは前提であると述べている（加用，2013；2017）。

的に，かつ生き生きと遊んでいるような姿を，子どもが自発的に遊んでいる姿としてイメージしておくことにしましょう。◁4

2 「遊び＝学び」について考える

1．遊びをめぐる「困難」

　子どもにとっては，保育施設における遊び方は最初から制限されています。保育施設では，ふつう「テレビゲーム」はしません。なぜなら，幼児教育・保育を行う保育施設「ならでは」の遊びが望ましいという考え方が前提となっているからです。したがって，やはり保育施設における遊びとは，一般的に使われる遊びという言葉と区別して考えるべきでしょう。無藤隆（2013）は，一般的な遊びとは別に，「保育における遊び論」を独自に考えていく必要があると述べています。

　もう一度，幼稚園教育要領の本文をみてみると，「幼児の自発的な活動としての遊びは，心身の調和のとれた発達の基礎を培う重要な学習である」とされています。つまり，子どもは遊びを通して学ぶ（遊び＝学び）というのは，幼児教育・保育における「遊び論」の一つの特徴であるといえます。この考え方から，たとえば，何かに没頭して遊ぶことで，物事に集中することを学ぶ，自分のしたい活動を充実させることで，意欲的に物事に関わることを学ぶ，というような発想が導かれます。

　ここで，幼児教育・保育をめぐる大きな「困難」があらわれます。第11章でもみるように，幼児教育・保育は保育者の「見通し」や「計画」のもとで行われるものとされます。しかし，遊びが子どもにとって自発的なものであるならば，その結果子どもが何を得られるかを見通すことは，本来とても難しいはずです。そもそも，保育者が遊びを通して何かを「学ばせよう」としたとたんに，子どもにとっての遊びの面白さは消えてなくなってしまうかもしれません。それでは子どもは本来の意味で遊んだことにはならないのではないでしょうか。

　このことはすでに，これまでの多くの研究でも指摘されています。その一端をみながら，幼稚園教育要領から離れ，もう一歩踏み込んで考えてみたいと思います。

　ハーシュ＝パセックら（2006：337-338）は，「遊びの5つの要素」を，表10-2のように示しています。

　ハーシュ＝パセックらは，続けて「現代の競争社会における遊びの中で，もっともひどく蹂躙されているのは，第二の要素——遊びは他

の目的に仕えてはならない――である」
（2006：339）と述べています。本来，遊び
はそれ自体が目的のはずなのに，遊びが
「子どもに学ばせるためのもの」になって
いるという指摘です。

　この議論からも，やはり「遊び＝学び」
という考え方は，「学ぶために遊ばせる」
という本末転倒の事態を招きかねない難し
さをもっていることがわかります。何かを
学ぶことが目的となり，遊びがその手段になってしまいかねない難し
さです。これは，どのように解決すればよいのでしょうか。

表10-2　ハーシュ＝パセックらによる遊びの5つの要素

①遊びは楽しく面白いものでなければならない。
②遊びはそれ自体を目的とするべきで，他の目的に仕えてはならない。
③遊びは自発的なものであり，遊ぶ人の自由な選択に任される。あなたは遊びを指図することはできない。
④遊ぶ人が積極的に関わるという気持ちをもっていなければ，遊びは成立しない。遊ぶ人間はそれをしたいと思わなければならない。
⑤遊びはある種の演技の要素を含んでいる。

注：下線は筆者。
出典：ハーシュ＝パセックほか（2006）『子どもの「遊び」は魔法の授業』アスペクト。

2．「遊び＝学び」論の再検討

　遊びが学びの手段となってしまいかねない，という難しさは，保育者
にとっては重く受け止めるべき問題だと思います。少し違う角度から考
えてみましょう。

　川田学（2019）は，幼児教育・保育における遊び論が，子どもに身に
つけさせたい能力としての「非認知能力」や，OECDのいう「社会情
動的スキル」の手段に陥っていることを指摘しています。そして，子ど
もの貧困という視点から，「未来社会としての投資」としての遊びでは
なく，「現在個人の回復」としての遊びのあり方を考察しています。

　これは，遊びを「学びの手段」に位置づけることなく，ただ楽しく充
実感を得られ，それが子どもの（貧困によって傷つけられた）生を勇気づ
け，生きる活力へとつながるような遊びのあり方です。川田の議論から
は，遊びが必ず学びにつながらなくてもよいのではないか，という視点
が提起されているといえます。

　中野茂（2019：63）は，より明確に「遊び＝学び」論を批判し，必ず
しも「遊び＝学び」とはならないという視点から，遊びについて再検討
することを促しています。

　中野は，アメリカの幼児教育において，「学力指導か自由遊びか」の
どちらか（二者択一）ではなく，自由遊びがもつ子どもの主体性を妨げ
ない，大人の参加によって質の高い教育が促進される「ガイドプレイ」
の導入が提案されていることを紹介しています。また，中野によるハー
シュ＝パセックらの解説によれば，「ガイドプレイは『遊戯的学習』に
含まれ，特定の教育的目標をもつ大人が関与し，その目標に役立つ遊び
環境と材料を用意する」（Hirsh-Pasek et al., 2009）ものとされています。

▷5　秋田喜代美（2017）
は，「主体的な遊び」を保
障するための3つの難題
（アポリア）として，①子
どもの興味関心と大人が保
育・教育の場で子どもに示
してほしい興味関心は，必
ずしも一致するとは限らな
い，②保育の中の子ども同
士の集団内の力関係の中で，
「○○ちゃんらしさが見え
にくい状況が集団の中で生
まれる」こと，③園という
保育のシステムの時間や空
間，集団規範が子どもの主
体性とともに葛藤をときに
生み出すことを挙げている。
ここで議論しているのは，
このうち①に関係している
と考えることができる。
▷6　非認知能力に関して
は，第14章参照。

問題解決や語彙力や数的能力の伸長などへのつながりを明確に意図した活動であると考えてよいでしょう。

しかし中野は、学びに直接つながらないような遊び（ただ楽しいだけの遊び）に関してもその意義を認めています。「現在の充実」のための「自由遊び」について、「遊びの反対はうつである」という先行研究の言葉を引用しながら、遊びの働き、意味は「すべての真面目な行動に対峙して、その行動の情動的バランスをとることであり、特に、ポジティブな情動を喚起し、ストレスに対抗するレジリエントな働きをしている」（中野，2019：65）とし、人生全体を豊かにする力につながると述べています。

つまり、遊びは情緒面のバランスを整え、困難なときにストレスをやわらげるような働きをするということです。これは、人生を通じて必要なことであるとともに、そのような遊び方を知っているということが、その後の人生に利益をもたらすことは容易に想像できます。そして、川田による「子どもの貧困」を背景として提起された「現在の回復としての遊び」にもつながる視点です。

読み書き計算などの学問的スキルとは直接関係ないにせよ、ただ楽しいだけの遊びから子どもが得るものも当然あり、それを「学び」と呼ぶこともできるかもしれません。

保育者にとっては、遊びから子どもが何を得るかは、遊びの内容や遊び方によっても変化し得ること、遊びと一口にいっても様々な遊びの種類がありそうだということを押さえておきましょう。

3．遊びの多様性

これまでの議論をもとに、遊びを分類したものが図10-1です。

特に、「現在の充実」に重点を置き、とにかく子どもにとってのおもしろさをともに追求していくような「自由遊び」と、「学び」との連続性に重点を置き、子どもたちの主体性を重視しながら成立するガイドプレイ的な遊びとを区別する必要があると考えられます。また、自由遊びにも、一人遊びから集団遊び、大人の参加の有無によっても子どもへの影響は変わってくるでしょう。

海外の研究者からは、日本の幼稚園の活動は「遊びを基本とした学び（play-based learning）」と特徴づけられています（Tobin et al., 2004）。日本における保育者主導の設定保育のうち、遊

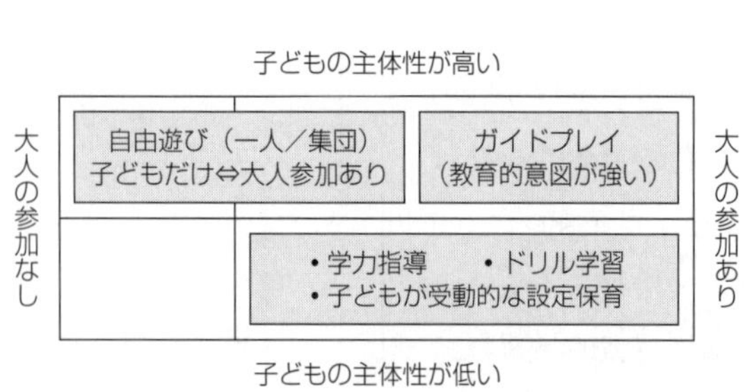

図10-1　幼児教育・保育の活動の分類

出典：筆者作成。

108

びの要素が強いものは，ガイドプレイに近いものとして捉えられる可能性があります。

③ 豊かな遊びと学びを支える条件

このように，「遊び＝学び」という考え方をめぐる困難を解決する一つの方法として提案できるのは，「遊び」を区別して考えるということです。環境を通して行う教育において，教育的意図をもって子どもたちの遊びの展開を見通すことを基本としつつも，ただ楽しむことだけを追求するような遊び方も重要です。保育施設での子どもの生活時間の全体のうち，どのような遊び方にどの程度の時間を配分するか，という視点が必要になるでしょう。

「ガイドプレイ」のようなかたちで，子どもにとっての学びの要素を重視し，「遊びを通して学ぶ」際の留意点をみてみたいと思います。

ハーシュ＝パセックら（Hirsh-Pasek et al., 2009）は，幼児が学ぶための7つの原則を示しています（表10-3）。

表10-3の中で下線を引いた箇所は，幼稚園教育要領等のガイドラインでも重視されています。下線部の番号それぞれを，ガイドラインの言葉を使って言い換えると，おおむね以下の事項が該当すると考えられます。

①発達過程に応じた保育
②子どもの主体性を尊重すること
③保育者と友だちとの安心できる関係性
④養護と教育が一体的に展開する保育
⑤具体的な経験を通した生活の中で学ぶ
⑥過程（プロセス）の重視
⑦一人一人の幼児理解（子ども理解）

これらの項目が，子どもの遊びを通した学びにとって重要な視点として解釈される必要があります。

この節では，遊びを区別して考えながら，様々な遊びが子どもにとってどのように影響するかを考えてきました。しかし，自由遊びの中でも，保育者が場面に応じて声をかけることでガイドプレイ的な展開に発展することもあるでしょうし，「ガイドプレイ」としての活動が，子どもの自由な発想から自由遊びに展開する可能性もあると思います。したがって，この区別はあくまで便宜的なものであり，必ずどちらかにあてはまるものでもありません。加えて，遊びの経験が子どものどのような能力

表10-3　幼児が学ぶための7つの原則

1. 幼児を対象としたすべての政策，プログラム，製品は，研究に基づく発達の軌跡を通じて定義された，子どもの発達年齢と能力に敏感でなければならない。①発達の軌跡と節目（milestone）は，絶対的な年齢ではなく，成長の連なり（ranges）とパターンを通してよりよく解釈される。
2. 子どもは，受動的な学習者ではなく，②能動的な学習者であり，周囲の環境を吟味し（examine），探索する（explore）ことによって知識を獲得する。
3. 子どもは，すべての人間と同じように，基本的に社会的な存在であり，③ケアをしてくれる大人（caring adults）や他の子どもたちとの交流を通じて，社会的に敏感で応答的な（responsive）環境の中で最も効果的に学習する。
4. 子どもたちは，④社会的・情緒的なニーズが満たされ，成功に必要なライフスキルを身につけたときに，最もよく学ぶ。自己調節，柔軟性と妥協，相手の立場に立つ能力は，育まれるべきスキルである。
5. 幼い子どもは，暗記学習を助長する人工的な文脈ではなく，⑤日常生活に関連した意味のある文脈の中に情報が埋め込まれているときに，最も効果的に学習する。
6. ⑥学習のプロセスは結果と同じくらい重要である。子どもたちの言語，注意力，問題解決，柔軟な思考，自己調節を促進することは，子どもたちの学業上の成功と説明責任にとってきわめて重要である。これらのスキルを促進する状況は，自信をもち，熱心で，積極的な（engaged），生涯学習者を準備する。
7. ⑦子どもたちが多様なスキルやニーズをもち，文化的背景や社会経済的背景も異なることを認識することは，個々の違いを尊重することを促し，子どもたちの学習を最適化することを可能にする。

注：下線は筆者。
出典：Hirsh-Pasek, K., Golinkoff, R. M., Berk, L. E., & Singer, D. G. (2009) *A Mandate for playful learning in preschool: Presenting the Evidence*, Oxford University Press.

につながるかは，研究者にもわかっていないことがたくさんあります。

中坪史典（2017）は，遊びの事例から，主体的な遊びの背景に「見て真似る」「仮説を立てて確かめる」「粘り強く取り組む」という「三つの特徴」があるとしています。そして，子どもの主体的な遊びは，保育者によって「引き出されるもの」であるとし，3つの特徴が引き出された背景として，以下の3点を挙げています。

①子どもの偶発的なつぶやきを保育者がキャッチし，それに価値を見出したこと
②子どもの「好奇心」を察知した保育者が絶妙な問いを投げかけたこと
③保育者があれこれと教え導くよりも，遊びに没頭できる時間や環境を保障したこと

その遊びが子どもの豊かな学びにつながるには，子どもの利益になるように準備し，見守り，関わる保育者の存在が重要であることがわかります。

また，遊びは本来的に子どもに主導権があるものですから，遊びが始まった後に，その遊びの展開を見守りつつ，子どもの育ちを見通し，後から介入することも重要です。一人から始まった遊びを集団に拡張する，関連のある活動に橋渡しするなどの形で，「遊びを育てる」という態度が，保育者に求められるのではないでしょうか。

╭───╮
演習問題

(1)　幼稚園教育要領において，「遊び」はどのようなものと捉えられているか，説明してください。

(2)　遊び＝学びと捉えることの困難について説明してください。

(3)　第3節を読んで，遊びを豊かに展開するために保育者が注意すべき点についてまとめてください。
╰───╯

引用・参考文献

秋田喜代美（2009）「『保育』研究と『授業』研究——観る・記録する・物語る研究」日本教育方法学会編『日本の授業研究（下）　授業研究の方法と形態』学文社，177-188頁。

秋田喜代美（2017）「主体的な遊びを育てることの価値とアポリア」『発達』第150号，ミネルヴァ書房，18-22頁。

加用文男（2013）「余暇論の呪縛——ジャック・アンリオからみたホイジンガとカイヨワ」『心理科学』第34巻第1号，68-83頁。

加用文男（2017）「『主体的に遊ぶ』の意味」『発達』第150号，ミネルヴァ書房，29-35頁。

川田学（2019）「子供の世界の中心としての『遊び』」小西祐馬・川田学編著『シリーズ子供の貧困②　遊び・育ち・経験——子供の世界を守る』明石書店，15-44頁。

中坪史典（2017）「子どもの主体的な遊びの特徴とそれが引き出される背景」『発達』第150号，ミネルヴァ書房，12-17頁。

中野茂（2019）「遊びの力——ポジティブな可能性」『発達』第158号，ミネルヴァ書房，58-66頁。

ハーシュ＝パセック，キャシー・ゴリンコフ，ロバータ・ミシュニック・アイヤー，ダイアン／菅靖彦訳（2006）『子どもの「遊び」は魔法の授業』アスペクト。

無藤隆（2013）『幼児教育のデザイン——保育の生態学』東京大学出版会。

Caillois, R. (1967) *Les Jeux et les Homme (Le masque et le vertige), edition revue et augmentee*, Gallimard（多田道太郎・塚崎幹夫訳（1990）『遊びと人間』講談社）．

Hirsh-Pasek, K., Golinkoff, R. M., Berk, L. E., & Singer, D. G. (2009) *A Mandate for playful learning in preschool: Presenting the Evidence*, Oxford University Press.

Tobin, J., Karasawa, M., & Hsuehk, Y. (2004) "Komatsudani Then and Now:continuity and change in a Japanese preschool," *Contemporary Issues in Early Childhood*, 5(2), pp. 128-144.

第11章
幼児教育・保育における計画と評価

　幼児教育・保育における計画と評価は，保育実践の質の維持と向上のために不可欠なものであり，PDCAサイクルを導入するなど，カリキュラム・マネジメントを進めることが求められています。教科書を使わない保育実践においては，その計画は子ども理解とそれに基づくねらいの設定，環境構成や援助の工夫が大切です。また保育の評価は，優劣を決めたり，ランクづけをするようなものではなく，子ども理解と保育者の指導の改善のために行うものです。

1　保育の質の維持と向上を図るために

1．カリキュラム・マネジメントの必要性

　カリキュラム・マネジメントは，カリキュラムの適切な管理運営を図ることを意味します。つまり，教育課程等を計画し，実践し，そして評価して，改善するというように，カリキュラムを運営し展開することを指します。保育の質の維持と向上を目指しなされるカリキュラム・マネジメントには，PDCAサイクル（必要な計画を作成（P：plan）し，見通しをもって指導を行う（D：do）とともに，実践後に子どもの発達の姿を評価し，保育者の指導のあり方を見直し（C：check），さらに改善していく（A：action）こと）を導入した改善，園内研修等による園のカリキュラムの見直しなどが含まれます。一人ひとりの保育者が各クラスで，さらには，それぞれの園でカリキュラム・マネジメントを進め，保育実践の最適化を図ることが求められています。

　2016（平成28）年12月，中央教育審議会から出された「幼稚園，小学校，中学校，高等学校及び特別支援学校の学習指導要領等の改善及び必要な方策等について（答申）」では，カリキュラム・マネジメントが必要とされる理由が3つ挙げられています。

　1つ目は，幼児教育・保育は「環境を通して行う教育」を基本とし，幼稚園教育要領の「第1章　総則」「第1　幼稚園教育の基本」には「幼児が身近な環境に主体的に関わり，環境との関わり方や意味に気付き，これらを取り込もうとして，試行錯誤したり，考えたりするようになる幼児期の教育における見方・考え方を生かし，幼児と共によりよい

教育環境を創造するように努めるものとする」と示されていますが，幼児の見方，考え方を豊かで確かな学びにしていくためには，教材を工夫し，物的・空間的環境を構成する保育者の力量が必要です。幼児期の遊びを通した総合的な指導が，小学校以降の教育や生涯にわたる学習へとつながるためには，柔軟できめ細かなカリキュラム・マネジメントが求められるというわけです。

　2つ目は，幼児教育・保育では，家庭との関係が小学校以上の教育と比べて緊密なためです。幼児が望ましい発達を遂げていくためには，園は家庭との連携を十分に図り，個々の幼児に対する理解を深めるとともに，園での生活の様子を家庭に伝えるなど，園での教育内容と家庭で過ごす時間が子どもの中で矛盾なくつながるような取り組みが必要です。幼児の生活の連続性の中で，家庭や地域社会と幼児期の教育の重要性を共有していくためにもカリキュラム・マネジメントが必要です。

　3つ目は，預かり保育や子育ての支援などの教育課程以外の活動が実施されているからです。多くの幼稚園において，教育課程に係る教育時間の終了後等に行う教育活動（いわゆる預かり保育）が行われています。幼稚園においても認定こども園と同様に，幼児一人ひとりの一日の生活リズムは多様になり，そこで経験することなどにも違いが生じています。保育者はこうした多様な幼児の姿を想定し，そのための配慮も考えておかなければなりません。また預かり保育の計画を作成する際にも，幼児の心身の負担を考え，教育課程に係る教育時間における活動との連続性を考慮する必要があります。それぞれの計画を関連させて，教育課程を中心とした全体的な計画の作成が求められることから，カリキュラム・マネジメントが求められます。

２．カリキュラム・マネジメントを進めるポイント

　それでは，各園において，どのようにカリキュラム・マネジメントを進めたらよいのでしょうか。先述の答申では，以下の3点から考えることとされています。

　第一は，教育目標の設定，ねらいや内容の組織化です。各幼稚園等では，教育課程の編成や指導計画の作成において，幼稚園教育要領等に示す各領域のねらいや内容を幼稚園教育の全期間を通して育てるものとして理解し，発達に必要な体験が得られるように，具体的なねらいや内容を設定します。さらに，「幼児期の終わりまでに育ってほしい姿（10の姿）」や小学校教育を見通して，資質・能力の視点から，ねらいや内容を組織することが必要となります。

第二は，PDCA サイクルの確立です。PDCA サイクルを活用することによって，教育課程等の実施状況を評価して改善を図ることが求められます。たとえば，「幼児期の終わりまでに育ってほしい姿」を活用すると，その姿に向かいつつある今の具体的な姿を捉え，そこで幼児はどのような見方・考え方をしているのか，何を学びつつあるのか，さらにその見方・考え方が確かな学びへとつながるには修了までにどのような環境や援助が必要であるのか，評価・改善の手立てとなります。

　第三は，教育活動に必要な園以外の資源の活用です。環境を通して行う教育を重視する幼児教育・保育では，人的・物的な資源が大切となってきます。園の教育内容や教育活動を豊かにするには，幼稚園等を家庭や地域社会に開き，保護者や地域等の外部の人材や地域の自然や公共施設などの物的資源を活用しながら，効果的に組み合わせることが求められます。

3．カリキュラム・マネジメントを進める上での保育者の姿勢

　先の答申では，「カリキュラム・マネジメントは，教職員が全員参加で幼稚園等の特色を構築していく営みであり，園長のリーダーシップの下，全ての教職員が参加することが重要である。また，こうしたカリキュラム・マネジメントを園全体で実施していくためには，教員一人一人が教育課程をより適切なものに改めていくという基本的な姿勢を持つことも重要である」（72-73頁）としている。たとえ新人保育者であっても，カリキュラム・マネジメントに携わる一員であるという意識をもち，保育者間で園の教育課程等の共通理解と協力体制を築くこと，保育者一人ひとりのよさを互いに認め合い，違いを尊重しながら協力し合える関係をつくり出していくことが必要なのです。

　ここまで幼稚園を中心に述べてきましたが，同様の取り組みは保育所でも求められます。保育所保育指針では，「第1章　総則」「3　保育の計画及び評価」「(4)　保育内容等の評価」では，「保育士等による自己評価」の実施が大切であることが示されています。さらに，個々の保育士の自己評価を集約し，施設長や主任保育士等との話し合いを通して行われる保育士等の評価に基づく，組織レベルでの「保育所の自己評価」が必要だとされています。

2 幼児教育・保育の計画

1．幼児教育・保育における計画がなぜ必要なのか

　幼稚園や保育所における幼児教育・保育は，思いつきで展開されているわけではありません。子どもの活動に任せるだけでは，一人ひとりの発達を保障することができないからです。綿密な活動の計画ではありませんが，活動の展開を見通した計画は必要で，個々に応じて柔軟に対応していくことや，場合によっては修正することも求められます。ここで，幼児教育・保育における計画の必要性について，次の4つの立場からまとめます。

　第一に，子どもたちの生活を大事にするためです。子どもたちは日々，いくつもの関心事に取り組みながら生活を展開しています。そうした子どもたちに興味や関心のある遊びや活動の中で，これから何を大事にするかを保育者が計画的に見通しておくことが必要です。また，子どもたちが楽しみにできるような行事や活動があれば，それらを計画の中に位置づけていくことによって，園生活に対する期待を生み出すことにもなります。

　第二は，保育者自身が見通しをもてるようになるためです。毎日どのような保育が展開されるのかわからないまま仕事に取りかかるのでは，保育者も不安になってきます。計画はあくまでも予想した見通しであり，その通りにならないことも多いのですが，何かしら見通しがあることにより，安心して保育に取り組むことができます。

　第三は，園全体の保育者同士で連携するためです。それぞれのクラスで，今どんなことを大事にして保育を展開しているのかをお互いに理解していれば，保育者間でクラスを超えて協力することができます。特に，遊びを中心とした保育では，保育者間で計画を共有することにより，ティーム保育を展開していくことが可能になります。

　第四は，保護者の信頼を得るためです。保護者は子どもたちの成長・発達を期待しています。そのような保護者に対して，保育参観やクラス便りなどを通して，どのように発達を見通しているのか，今どのような過程を歩んでいるのかを説明することにより，保護者の理解と信頼を得やすくなります。

　つまり，子ども，担任の保育者，園の保育者間そして保護者など，様々な人たちが保育に対して，安心したり，協力したり，信頼するため

にも，計画が大事になるのです。

2．全体的な計画

　園では，入園してから卒園するまでの保育をどのように展開していくのかを明らかにするため，計画を立てます。これを「全体的な計画」といい，保育の目標を達成するためのその園の保育の基本となるものです。この「全体的な計画」はすべての幼稚園，保育所，幼保連携型認定こども園で作成することになっています。幼稚園においては教育課程，保育所と幼保連携型認定こども園においては全体的な計画といわれ，入園から卒園までに子どもがどのような経験を重ねていくことで目標に辿り着くのかを示していきます。

　教育課程等の全体的な計画を編成するにあたっては，子どもの心身の調和のとれた発達を目指すこと，園の規模や職員の状況，施設設備の状況などの条件を踏まえ効果的な指導が展開できるようにすること，園を取り巻く地域社会の実情を考慮します。

3．指導計画

　教育課程等の中では，その幼稚園や保育所における基本的で全体的な計画を立てます。しかし，それだけでは，明日どのような準備をしてどのような保育をしたらよいか，あるいは，ある年齢の子どもたちに今月はどのような保育をしたらよいかを，具体的にイメージすることは難しいでしょう。各園は，保育の目標を達成するために教育課程等の全体的な計画を編成するとともに，これを実際の保育においてどう具現化するかという具体的な計画である「指導計画」を作成しています。図11-1は，教育課程等の全体的な計画と指導計画の関係を示したものです。

　指導計画は，その計画の期間の長さによって「長期の指導計画」と「短期の指導計画」に分けられます。長期の指導計画は，年，期，月で立てられ，短期の指導計画は，週，日で立てられます。長期の指導計画は園の方針に基づいて作成しておくもので，毎年微調整を加えるにしても，頻繁に変更する性質のものではありません。一方，短期の指導計画は，目の前の子どもに密着した計画であり，長期の指導計画に基づきながら，各担任が作成し，現在進行形で修正，立案が積み重ねられます。どの種類の計画をどのような形式で立てていくかは各園によって異なりますが，次項に示すように，指導計画の作成についての考え方は共通しています。

▷1　長期の指導計画のうち，年間指導計画は教育課程等の全体的な計画にしたがって，ねらいや内容，活動などの一年間の見通しを年齢や時期によって具体的に組織したものである。年間の園行事も組み込まれる。期案は子どもの発達の節目を一つの区切り（期）として捉え，各期ごとのねらいや内容を押さえる。各園で子どもの実態が異なるので，期の分け方は園によって異なる。月案は文字通り，月ごとに立てられる。慣習的に月ごとに生活の節目を考えることが多いが，子どもの発達する姿を捉え，大人の便宜上の区切りにならないように注意しなければならない。

▷2　短期の指導計画のうち，週案は一週間の生活プランである。前週の子どもの生活や遊びを振り返って，翌週にはどのようにそれが持続するのかしないのかを予測し，さらに必要な経験は何かを捉えて，翌週の計画を立てる。日案は一日の生活プランであり，目の前の子どもに即したきわめて具体的・個別的な指導計画である。

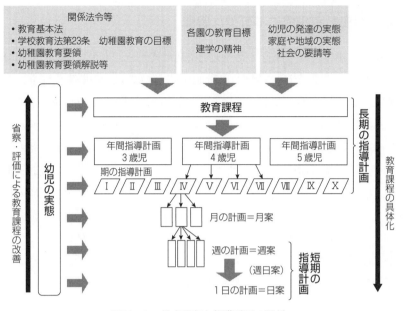

図11-1　教育課程と指導計画の関係

出典：文部科学省（2013）『指導計画の作成と保育の展開』フレーベル館，18頁より一部改変。

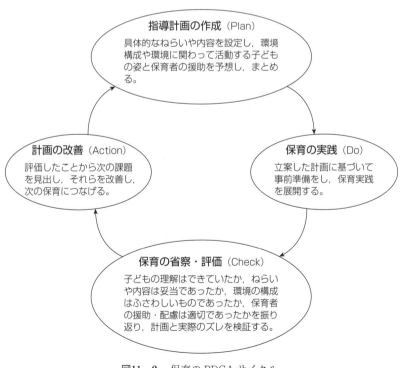

図11-2　保育のPDCAサイクル

4．指導計画作成に不可欠な要素

　指導計画は，園の保育目標の実現に向けて，子どもが発達に必要な経験が得られるように，具体的に計画するものです。学生時代にも，教育・保育実習において部分保育を任され，部分保育の指導計画（部分指導案などと呼ぶ場合もあります）を立案することが多いのです。指導計画には，一般的に次の7点，①子どもの実態，②ねらい，③経験させたい内容，④環境の構成，⑤予想される子どもの活動，⑥保育者の援助・配慮，⑦反省・評価，を記述します。実習では，大学での授業や現場の指導を手がかりに指導計画を作成し，部分保育に臨みます。また，部分保育の終了後は，反省会等を通して指導の評価をし，次の計画作成につながる改善点を出すことが望ましいのです。つまり，図11-2のように，保育のPDCAサイクルの一端を経験することができるでしょう。

③　保育における評価

1．保育における評価がなぜ必要なのか

　保育者は一日の保育の後に，あの子はなぜあのような姿をみせたのだろうと考えたり，あの子にはこのようなよい面があったのかと気づいたり，もっとふさわしい環境の準備があったのではないか，保育者としてこのようなことをすればよかったのにと振り返ることでしょう。誰しもこのような省察をしているのです。実習生でも，実習後の記録を作成するときに，似たような経験をすることになるでしょう。

　保育における評価とは，子どもに優劣をつけたり，誰かと比較して成績をつけるようなことではありません。子どもの理解を進め，保育者としての自分自身の保育を見直し，改善するために行います。つまり，保育をよりよいものに改善するための手がかりを得ることが評価なのです。

2．子ども理解に基づいた評価の実施

　幼稚園教育要領「第1章　総則」「第4　指導計画の作成と幼児理解に基づいた評価」では，子ども理解に基づいた評価の実施にあたって，「指導の過程を振り返る」「一人一人のよさや可能性を把握する」「評価の妥当性や信頼性を高める」「次年度又は小学校等に引き継ぐ」という4点が示されています。

　第一に，指導の過程を振り返るには，担任の保育者はまず，日々の記

録やエピソード，写真などを書いたり読み返したり，見たりしながら指導を振り返ります。また，同僚保育者との話し合いから，自分だけでは気づかなかったその子らしさや指導の適切さについて考えることも大切です。

　第二に，一人ひとりのよさや可能性を把握するには，できないことのあら探しをするのではなく，特徴的な姿や伸びつつあるものに目を向け，肯定的に受け止め，温かい見方をし，一人ひとりの育ちに期待をもって長い見通しで捉えることが大切です。

　第三に，評価の妥当性や信頼性を高めるには，自分の保育を同僚の保育者や外部の保育者，講師などにみてもらって話し合うことや，記録を読み合って検討すること等，園内で組織的な研修の機会をつくることが大切です。自分の保育行為を自分で振り返ることには限界があり，評価の妥当性や信頼性を高める創意工夫を重ねます。

　第四に，次年度又は小学校等に引き継ぐとは，次の学年に進級するにあたり，子ども一人ひとりのよさや伸びているところ，特性，指導の経過など，子どもの発達の状況が新しい担任に引き継がれ，指導が継続されることが重要です。日々の評価は，学期などの節目に定期的に振り返り，最終的には一人ひとりの一年間の成長について「指導要録」としてまとめます。幼稚園では「幼稚園幼児指導要録」，保育所では「保育所児童保育要録」，認定こども園では「認定こども園こども要録」と名称は違いますが，指導要録の作成が義務づけられています。[3]なお，小学校就学時には，この指導要録の抄本または写しを小学校に提出することになっており，小学校と情報共有をし，幼児期の育ちを小学校の学習や生活に連続させることに役立てています。

3．記録の重要性

　いうまでもなく，幼児教育・保育の計画と評価において重要な役割を果たすのが，記録です。記録を作成することは，保育者の重要な業務の一つです。保育日誌，保育経過記録，個人記録，[4]指導要録など，様々な目的に応じて日々記録を残していかなければなりません。記録を書くことを通して，子どもの心の世界や育ちをみつめ，自分の保育を振り返ることができます。この記録こそが評価の一つであり，さらに，次の指導計画を立案する際に，子どもの実態把握や保育者の援助・配慮のあり方を見出す基礎資料になるのです。記録を書くということに苦手意識のある人もいるかもしれませんが，記録を書き，省察を加えることは，次の保育に活かされることになるのです。

▷3　幼稚園幼児指導要録は，在籍する一人ひとりの子どもについて，「学籍に関する記録」と「指導に関する記録」がある。保育所や認定こども園も同様に，最終学年については幼児期の終わりまでに育ってほしい姿を活用して，指導の過程と育ちつつある姿を記入する。また，要録は，指導計画の評価で示した保育の記録を参考に記載する。

▷4　保育日誌はクラス担任が毎日の保育の後に書くものである。子どもの出欠，保護者への連絡事項，保育のねらい，活動内容，反省と評価をまとめる。保育経過記録は日々の保育の中で，生活習慣，人間関係，言語，表現や感性など，クラスの子どもたちがどのように育っているかを継続的に記録する。個人記録は個々の子どもの育ちを記録する。

4 指導計画の評価の実際

1．指導案の評価・改善の試み

　保育とは，指導計画をもとに実践されるものであり，そして保育者は，その保育実践に対し適切に評価を行うことによって，よりよい保育を紡いでいきます。

　本節では，保育者養成校の学生が，実習において実践した部分保育の指導案について，養成校の教員である筆者と学生との話し合いを通して，指導案の評価・改善を行った事例を紹介します。詳細は，片桐真弓（2020）に掲載しています。本事例では子どもの育ちや実態についての理解が適切であったか，ねらいや内容，環境の構成，保育者の援助・配慮などが子どもにとってふさわしかったかなど，指導計画と実際の保育のずれを考察しました。そして，そのずれを次の計画と実践にどのように活かすのか，指導計画の見直しを行いました。小さな PDCA サイクルを試みたというわけです。なお，ここでは，子どもの育ちの中でも，「人との関わりの育ち」を中心に評価を行っています。

2．人との関わりの育ちに関しての省察・評価

　次の記録は，部分保育の実践を行った5歳児クラスでの10日間の実習記録のうち，人間関係の育ちがみられた部分です。

　8月20日　キャンプの係決め

　　クラスの活動では，キャンプの係決めを3つのグループに分かれ，自分たちで話し合いをする姿がありました。キャンプをするときにどのような係があったらよいかをみんなで話し合う活動です。テント係，ごはん係，掃除係，花火係，リーダー，副リーダーなどの意見が出ました。自分がやりたい係を友だちに伝えたり，周りの友だちは何の係がよいのかを尋ねたり，子どもたち同士で意見を出し合い，やりとりを通して，相手の話を聞いて理解したり共感したりして，言葉による伝え合いができるようになっていくと感じました。しかし，実際に話し合いをしている子どもたちの間に入ってみると，担当したい係が複数人いてなかなか話し合いが進まなかったり，子どもの伝えたいという思いが伝わらなかったりして泣いてしまう子どもの姿が見られました。そのときは，保育者が話し合いの中に入り，「ご飯のときは何の係があったらよいかな？」などと例を出したり，子どもの気持ちを代弁したりして，子どもたちがキャンプに向けての話し合いができるように対応していて，自分

だったらどうするかを考えていきたいと思いました。

8月29日　対抗リレーの練習

　今日は運動会の対抗リレーの練習を初めて行いました。今日の活動を通して学んだことは，活動の説明をする際は，ルールをすべて保育者が説明するだけでなく，どうすれば速く走れるのか，どうすれば速くバトンを渡せるのか，子ども自身で考えるようにし，共通理解をしていたことです。保育者は一人ひとりの気持ちを大切に受け止め，認め，褒め，励ましながら，安定した気持ちで活動できるようにしなければと考えました。子どもの考えや提案をみんなで検討し合い，疑問や困り感を改善してよりよいリレー活動を作り上げていくことも重要であると学びました。

（下線は筆者）

　年長児ということもあり，キャンプやリレーなど，他者と協力することで初めてできる行事や遊びが展開されています。そこでは，保育者が一方的に指導をするのではなく，話し合いの機会を積極的にもつようにしています。その他，学生の気づきとして，キャンプの係決めの話し合いを全体ではなくグループで行うことで，全体では意見を出すことができない子どもが，小さいグループでは意見を出しやすいということが挙げられています。また，リレーの最中でも，困ったことが起これば，リレーを中断して，話し合いをもつことが多かったということも挙げられています。協働する経験を重ねていくために，保育者が子ども同士の人間関係の育ちを把握し，必要に応じてグループ構成にしたり，困難が生じたときは，そこで起こっていることを丁寧に捉え，それぞれの考えやアイデアのよさを広め，認め合い，自分たちでやり遂げられるよう援助していく大切さを学生は学んでいます。

　そこで，「協同する経験，ルールへの意識を育てること」をもっと重視していくには，どのような指導案であったらよかったのか，作成した指導案に改善点を加えていくことにしました。

3．指導案の改善

　修正前の指導案は表11-1，修正後の指導案は表11-2です。上から順番に改善点を挙げていきます。

〇子どもの実態の修正

　①ルールのある遊びが楽しくなっているが，ルールが共有できなかったりして，友達と対立することもある。たとえ時間はかかっても，話し合いによってルールの確認を行うなどし，ルールの共有を図るなど，友達と楽しく遊ぶことができることを味わえるようにしていく。

表11−1　修正前の指導案

8月28日（水）	対象　5歳児クラス　男児22名，女児19名の合計41名
1．子どもの実態	・キャンプに向けてクラス全体で話し合い活動をする中で，意見や考えを自分なりに話すこと，また友達や保育者の話を聞くことなどを通じ，言葉で表現する力や相手の話を聞く力が身に付き，キャンプへの期待感が高まってきた。 ・しかし，自分の思いや主張を通そうとして，友達とトラブルになることが見られるが，保育者と一緒にどうすれば良いか考えられるようになってきた。
2．ねらい	・いろいろな運動遊びに親しみ，喜んで体を動かそうとするようになる。 ・友達と楽しく活動する中で，共通の目的を見出し，工夫したり，協力したりするようになる。
3．経験させたい内容	・友達と一緒に，ボールを使った活動を楽しむことを味わう。 ・ボール送りをグループで力を合わせて頑張る。
4．子どもの活動	ボール送りをやってみよう

時刻	環境の構成	予想される子どもの姿	保育者（実習生）の援助・配慮
11：20	〈ホール〉 ・ホールの窓を開ける。 （図：T　子ども）	○活動の内容を聞く。 ・今日の活動内容を知り，活動に対して期待感が高まる。	・子どもが分かりやすいように，簡単に丁寧に伝えるようにする。
11：25	・ボールを4つ用意する。 A B C D （縦線4本）	○ボール送りの練習をする。 ・何人か前に出て，保育者と一緒に友達に手本を見せる。 ・4つのグループに分かれ，頭の上から後ろの友達にボールを送る練習をする。	・子どもが理解できるように，子どもと一緒に実践してみて，見て理解できるようにする。 ・分かれるグループを素早く伝え，一つ一つ丁寧にボールの送り方を伝えるようにする。
11：30	・始まりの合図は声に出して言う。 ・前の友達とぶつからないように一定の距離を開ける。	○対抗リレーをする（1回戦，2回戦）。 ・活動の始まる前に，グループの友達と声を掛け合い意欲を高める。 ・頭の上からボールを送り，最後尾の友達にボールが送られたら，床に腰を下ろす。 ・勝ち負けを知り，勝ったグループは友達と喜びを共有する。	・準備ができたら，各グループに準備ができているか尋ね，始まりの合図を出す。 ・最後尾にボールが送られたことを確認し，さらにグループ全員が座ったところで勝ち負けの判断をする。 ・勝ったグループを紹介し，負けてしまったグループも次勝てるように前向きな声掛けをする。
		○全体で話し合いをする。 ・どのようにしたら速くボールを送ることができるのか考える。	・速くボールを送る工夫を子どもに問いかけ，子どもと一緒に考える。
11：35	・2グループ作り整列する。 A B （縦線2本）	○3回戦をする（時間まで対戦を続ける）。 ・グループを4つから2つに絞って，頭の上からボール送りをする。 ・上手くボールが送れず，床に落としてしまう。 ・グループの友達を応援してボール送りを楽しむ。 ・勝った喜びを友達と共有する。	・床に落としても，諦めず最後までゲームを楽しむようにする。 ・子ども達と一緒に応援する。 ・子どもと一緒に喜びを共有し，ゲームを楽しめるようにする。
11：50	（図：T　子ども）	○活動の振り返りをする。 ・楽しかったこと，面白かったことを発表する。 ・ボール送りの楽しさを共有する。	・活動を通して楽しかったこと，面白かったことを尋ね，意見を聞けるようにする。 ・今後のボール遊びに繋げられるようにする。

表11-2　修正後の指導案

8月28日（水）	対象　5歳児クラス　たんぽぽグループ合計14名
1．子どもの実態	・キャンプに向けてクラス全体で話し合い活動をする中で，意見や考えを自分なりに話すこと，また友達や保育者の話を聞くことなどを通じ，言葉で表現する力や相手の話を聞く力が身に付き，キャンプへの期待感が高まってきた。 ・しかし，自分の思いや主張を通そうとして，友達とトラブルになることが見られるが，保育者と一緒にどうすれば良いか考えられるようになってきた。 ・ルールのある遊びが楽しくなっているが，ルールが共有できなかったりして，友達と対立することもある。たとえ時間はかかっても，話し合いによってルールの確認を行うなどし，ルールの共有を図ると，友達と楽しく遊ぶことができることを味わえるようにしていく。 ・運動会の練習が始まり，友達と競い合って自分の力を試したり，頑張ったりする姿が見られる。
2．ねらい	・いろいろな運動遊びに親しみ，喜んで体を動かそうとするようになる。 ・友達と楽しく活動する中で，共通の目的を見出し，工夫したり，協力したりするようになる。 ・ルールの大切さに気付き，自分たちで考えられるようになる。
3．経験させたい内容	・友達と一緒に，ボールを使った活動を楽しむことを味わう。 ・ボール送りをグループで力を合わせて頑張る。 ・ルールを守ったり，力を合わせたりして遊びを進める中で，自分の考えを出し合って，ボール送りをより楽しくしようとする。
4．子どもの活動	ボール送りをやってみよう

時刻	環境の構成	予想される子どもの姿	保育者（実習生）の援助・配慮
11:20	〈ホール〉 ・ホールの窓を開ける。 T 子ども	○活動の内容を聞く。 ・今日の活動内容を知り，活動に対して期待感が高まる。	・子どもが分かりやすいように，簡単に丁寧に伝えるようにする。
11:25	・ボールを2つ用意しておき，ボール送りの練習の時に渡す。 ｜｜ A B	○ボール送りの練習をする。 ・2つの男女グループに分かれ，頭の上から後ろの友達にボールを送る練習をする。 ・前の友達とどの程度広がれば良いか分からない。	・男の子グループ，女の子グループに分かれることを伝え，一つ一つ丁寧にボールの送り方を伝える。 ・言葉での説明が分かりにくい場合は，子どもと一緒に実践してみて，理解できるようにする。
11:30	・始まりの合図は声に出して言う。 ・前の友達とぶつからないように一定の距離を開ける。 Ⓐ　Ⓑ ・2グループ作り整列する。 ｜｜ A B	○対抗リレーをする（1回戦，2回戦）。 ・活動の始まる前に，グループの友達と声を掛け合い意欲を高める。 ・頭の上からボールを送り，最後尾の友達にボールが送られたら，床に腰を下ろす。 ・勝ち負けを知り，勝ったグループは友達と喜びを共有する。 ○グループで話し合いをする。 ・どのようにしたら速くボールを送ることができるのか考える。 ・ボールの掴み方，渡し方の工夫を伝える子どもがいる。 ・話し合いの内容が広がり，付いていけない。 ○3回戦，4回戦をする。 ・頭の上からボール送りをする。 ・上手くボールが送れず，床に落としてしまう。 ・グループの友達を応援してボール送りを楽しむ。 ・勝った喜びを友達と共有する。	・準備ができたら，各グループに準備ができているか尋ね，始まりの合図を出す。 ・最後尾にボールが送られたことを確認し，さらにグループ全員が座ったところで勝ち負けの判断をする。 ・勝ったグループを紹介し，負けてしまったグループも次勝てるように前向きな声掛けをする。 ・速くボールを送る工夫を子どもに問いかけ，ボールの掴み方や渡し方の工夫や考えを伝える様子を見守ったり，認めたりする。 ・話し合いの内容をグループで共有できるようにする。 ・床に落としても，応援し，諦めず最後までゲームを楽しむようにする。 ・子どもと一緒に喜びを共有し，ゲームを楽しめるようにする。
11:40	T 子ども ｜｜ A B	○全体で話し合いをする。 ・頭の上だけではない，ボールの送り方を考える。 ・他のグループの工夫に気付き，取り入れる。 ○5回戦，6回戦をする。 ・頭の上や股の下からボール送りをする。 ・グループの友達を応援してボール送りを楽しむ。	・頭の上，股の下など，速くボールを送れるのはどれか，並び順などを共に考える。 ・他のグループの工夫していることに気付かせ，さらに工夫が出来るようにする。 ・全力をあげて取り組む姿を見守り，喜びに共感する。
11:50	T 子ども	○活動の振り返りをする。 ・楽しかったこと，面白かったことを発表する。 ・ボール送りの楽しさを共有する。	・活動を通して楽しかったこと，面白かったことを尋ね，意見を聞けるようにする。 ・話し合いが活かされていたグループの友達の様子を伝え，友達と協力して遊びを発展していく楽しさを伝える。 ・その他のボール遊びを紹介し，今後のボール遊びに繋げられるようにする。

注：斜体は，修正した部分。

②運動会の練習が始まり，友達と競い合って自分の力を試したり，頑張ったりする姿がみられる。

○ねらいの修正

ルールの大切さに気付き，自分たちで考えられるようになる。

○内容の修正

ルールを守ったり，力を合わせたりして遊びを進める中で，自分の考えを出し合って，ボール送りをより楽しくしようとする。

○環境の構成の修正

①クラスの人数が多いため，3つのグループのうち，本時は1グループが参加するようにする。ボール送りは初めての遊びであり，ルールを共有して遊ぶには，意見が出しやすい少人数がよいと考えたため。

②子どもたちはボールを持つと，ボールに興味をもち，遊び出したり，保育者の話を聞けなかったりする。そのため，ゲームが始まるまでは，保育者がボールを持っておく。

③ボール送りの列をつくるとき，前の友達とぶつからないように一定の距離を開けるということが，説明ではわかりにくかったので，具体的に説明する。

○予想される子どもの姿の修正

話し合いで，いくつかの意見が出るが，意見についていけず，どう動いてよいかわからない子どもがみられたので，グループで決まったことを共有できるようにする必要があった。

○保育者（実習生）の援助・配慮の修正

①ボールの送り方が，保育者の号令通りになってしまったので，グループでどうしたら速く回すことができるのかの回し方を話し合って考えさせる。また，並ぶ順番を考えてもよかった。

②話し合いの後は，ボール送りの上達がみられたので，今回は7回戦ほど行ったが，途中で話し合いを入れると，もっと工夫が生まれたと考えられる。

③活動の振り返りでは，話し合いが活かされたグループや友達の様子を挙げると，話し合いをする意味を理解したり，話し合いを重ねる楽しさを味わうことができた。

④活動での楽しかったことや面白かったことを発表してもらったが，ボール送りの他にもボール遊びがあることを伝えると，次の展開につながっていくと思われる。

このような日々の評価の積み重ねが，週などの短期の指導計画の評価になり，月，期，年の長期の指導計画の評価に加えられます。そして

日々の計画の立案と実践，評価や改善の小さな PDCA サイクルの取り組みが，教育課程等の全体的な計画の評価・改善に組み込まれるのです。

演習問題

(1) いくつかの園の教育課程等の全体的な計画や指導計画を収集し，共通点や相違点についてまとめてみましょう。

(2) 幼稚園や保育所等において記録（遊びの観察記録，実習等での相談したい場面の記録等）を作成します。その記録をもとに，子どもの行動や心の動き，保育者の援助などについて，グループで話し合い，自分とは違う見方を得てみましょう。

(3) 実習や授業で作成した部分保育の指導案に赤字で改善点を書き加え，小さな PDCA サイクルを体験してみましょう。

引用・参考文献

片桐真弓（2020）「領域『人間関係』の指導法に関する研究——PDCA サイクルによる人間関係を育む保育の立案」尚絅子育て研究センター『児やらい』第17巻（臨時増刊），29-42頁。

中央教育審議会（2016）「幼稚園，小学校，中学校，高等学校及び特別支援学校の学習指導要領等の改善及び必要な方策等について（答申）」（https://www.mext.go.jp/b_menu/shingi/chukyo/chukyo0/toushin/__icsFiles/afieldfile/2017/01/10/1380902_0.pdf. 2020年12月20日アクセス）。

文部科学省（2013）『幼稚園教育指導資料第 1 集　指導計画の作成と保育の展開』フレーベル館。

文部科学省（2019）『幼児理解に基づいた評価（平成31年 3 月）』チャイルド本社。

ますますグローバル化，情報化が進むにつれて，「直接的な体験」を中心とした幼児教育・保育の充実が求められており，幼児教育・保育の様々なシーンで子どもたちの主体的な遊びを支える ICT（Information & Communication Technology：情報通信技術）活用に注目が集まっています。また，幼稚園や保育所が多忙化する中で，園務の ICT 化による業務改善は有効な手段となります。本章では，ICT 活用の理解とその意義について考えてみましょう。

1 幼稚園・保育所における ICT の普及

1. 幼児教育・保育における ICT とは

　第1章では，子どもが遊ぶことを通じて外界と関わる際に種々のメディア（媒介物）が必要であることを学びました。

　近年では，タブレット端末やスマートフォンの普及が進み，学校の授業や家庭の学習で利用されることが増えてきたことにより，ICT 機器もこのメディアに含まれるようになりました。稲葉久美子（2020）は，幼児教育・保育におけるメディアを整理しており（表12-1），視聴覚教材は「でき上っているものを一方的に流すだけのもの」である一方，ICT 機器は情報伝達が送り手からだけでなく，「受け手からも送り手に情報発信ができる双方向（インタラクティブ）性」をもっているといいます。

　また，ICT 機器は「子供からの思いや気持ちを表すことのできる応答性のある機器」（稲葉，2020）であるとも説明しています。幼児教育・保育段階において ICT 機器を活用した実践は，小学校以降と比べてそれほど多く蓄積されていません。しかし，「幼児にも使いやすいタブレット端末が登場し，家庭での利用も広がりをみせる中で，幼稚園や保

表12-1　保育メディア

⑦平面的・視的なもの		絵本・プリント類・掛図（黒板）など
④立体的なもの・具体物		遊具（おもちゃ・ゲーム）・教具・楽器など
⑨演じるもの		紙芝居・ペープサート・パネルシアター・エプロンシアターなど
①機器を用いたもの（一方向）	音声	ラジオ・録音機・CD など
	静止画	OHP・写真・スライドなど
	動画	映画・テレビ・ビデオ・DVD など
②機器を用いたもの（双方向）		ICT 機器（コンピュータ・携帯電話・タブレット・スマートフォンなど）・デジタル絵本・様々なソフトウェア

出典：稲葉久美子（2020）「保育と ICT」大浦賢治・野津直樹編著『実践につながる新しい幼児教育の方法と技術』ミネルヴァ書房，150頁。

育所でも，新しい保育環境やコミュニケーションの場，遊具の１つと位置づけて，現在の保育活動を充実・発展させる」（小平，2016）目的でタブレット端末をはじめとしたICT機器を取り入れる事例が増えてきました。

２．幼児教育・保育におけるICTの普及

　情報化の進展によって，ICT機器は学校の授業や家庭の学習で活用されることが増えてきました。特に映像教材を利用して学習することが容易になってきており，対応するコンテンツも次々と開発されてきています。また，インターネット環境の充実により，幼児期からテレビ番組やインターネット動画を視聴することも珍しくありません。これまで幼児がコンピュータ等の情報機器を使用することに関しての不安を抱く保護者や幼児教育・保育関係者は依然多いといわれてきましたが，現在の子どもは多くが幼児期から保護者のスマートフォンなど何らかのICT機器，ネットワークと接触しながら育っており，日常生活の様々な場面でICT機器を使いこなしています。

　では学校教育はどうでしょう。2017（平成29）年改訂の小学校学習指導要領においては，「各学校において，コンピュータや情報通信ネットワークなどの情報手段を活用するために必要な環境を整え，これらを適切に活用した学習活動の充実を図る」ことが明記されました。ここで注目すべきは，小学校においてプログラミング教育が必修化されるなど，▷1今後の学習活動において，積極的にICT機器を活用することが想定されていることです。さらに，文部科学省「教育のICT化に向けた環境整備５か年計画（2018〜2022年度）」では，2018年度から2022年度までに，学習者用コンピュータが１日１コマ分程度，児童生徒が１人１台環境で学習できることの実現が目指されており，指導者用コンピュータは授業を担当する教師１人１台の整備が進められています（文部科学省，2017a）。このように，文部科学省は教育の情報化を推進しており，特に「教育の情報化ビジョン」▷2が公表されて以降，職員の事務・管理のためのコンピュータ等だけでなく，学習者用情報端末の導入も進んできました。

　以上から，小学校以降の学校では，子どもたちの学習と教師の指導用にICT整備がなされていることがわかります。それでは，幼児教育・保育の現場ではどうでしょうか。NHKが行った「2015年度 幼稚園におけるメディア利用と意識に関する調査」によると，2015年度時点の幼稚園における各種メディア機器の普及状況は表12-2の通りです。

　一般に小学校以上の校種に比べて幼稚園での普及は開始が遅く，普及

▷1　情報活用能力の育成を図るための学習活動の充実を図ることとして，特に小学校においては，小学校学習指導要領において「児童がプログラミングを体験しながら，コンピュータに意図した処理を行わせるために必要な論理的思考力を身に付けるための学習活動」を行うことが規定されている。
▷2　2011年４月に発表された「教育の情報化ビジョン——21世紀にふさわしい学びと学校の創造を目指して」では，2020年までにすべての学校でタブレット端末を１人１台配備することを目標にしている（https://www.mext.go.jp/component/a_menu/education/micro_detail/__icsFiles/afieldfile/2017/06/26/1305484_01_1.pdf. 2020年11月25日アクセス，を参照）。

表12-2　幼稚園における各種機器の所有状況　　　　（%）

	全体 (n=524)	公立・私立別	
		公立 (n=218)	私立 (n=299)
1．テレビ	93	**97**	*89*
2．録画再生機（VTR, DVD レコーダー， 　ブルーレイディスクレコーダーなど）	84	82	86
3．パソコン	97	96	97
4．タブレット端末（iPad など）	9	*2*	**14**
5．デジタルカメラ・ 　デジタルビデオカメラ	94	94	94
6．映写機	26	24	27
7．ラジオ受信機・ラジカセ等 　ラジオ番組を聴取可能な機器	70	71	69
8．CD プレーヤー	98	98	98
9．オーバーヘッドプロジェクター	22	**32**	*16*
10．スライドプロジェクター	14	11	16
11．プロジェクター	60	*52*	64
12．実物投影機	5	5	5
13．電子黒板	1	1	0

注：■にゴシックは全体に比べて有意に高いことを，□にイタリックは低い
　　ことを示している（95％水準）。
出典：小平さち子（2016）「幼児教育におけるメディアの可能性を考える」『放
　　送研究と調査』7月号，14-37頁。

の速度も緩やかですが，多くの幼稚園が「テレビ」「パソコン」「デジタルカメラ・デジタルビデオカメラ」「CDプレーヤー」などの各種メディア機器を所有していることがわかります。幼稚園におけるタブレット端末の所有状況は，2015年度時点では他の機器と比べて遅れていますが，近年，家庭でのタブレット端末やスマートフォンの利用が広がってきたことに伴い，幼稚園でのタブレット端末の導入も少しずつ進んでいると考えられます。

そこで，第2節と第3節では，「幼児教育・保育実践を支援するためのICT活用」と「園務を効率的に処理するためのICT活用」の両面について考えていきましょう。

2　幼児教育・保育実践を支援するための ICT 活用

1．幼児教育・保育の中の ICT 活用の位置づけ

「幼稚園教育要領解説」（「第1章　総説」「第4節　指導計画の作成と幼児理解に基づいた評価」「3　指導計画の作成上の留意事項」）では，幼児教育・保育の実践における(6)情報機器の活用について明記されています。

> (6)　幼児期は直接的な体験が重要であることを踏まえ，視聴覚教材やコンピュータなど情報機器を活用する際には，幼稚園生活では得難い体験を補完するなど，幼児の体験との関連を考慮すること。
> 　　　　　　　　　　　　　　　（「幼稚園教育要領解説」2018：108）

情報機器の活用によって，たとえば園庭で見つけた虫をカメラで接写して肉眼では見えない体のつくりや動きを捉えたりすることで，直接的な体験だけでは得られない新たな気づきを得たりするなど，幼稚園教育要領には情報機器を体験の補完として活用することについて記載されて

います。また，文部科学省が2017年に公表した**教職課程コアカリキュラ**
◁3
ムでは，保育内容の指導法と保育構想の到達目標において「各領域の特
性や幼児の体験との関連を考慮した情報機器及び教材の活用法を理解し，
保育の構想に活用することができる」と記載されており，保育者は情報
機器などを活用し保育に活かすことが求められています。

　一方，「2歳までの子供のテレビ，ビデオ長時間視聴を控えましょう」
等の子どもとメディアに対する提言（日本小児科医会，2004）や，パソコ
ンの利用によって子どもの実体験が減るという懸念の声もあり（宮川，
2008），小学校以降に比べて幼児教育・保育の実践において ICT 機器は
積極的に活用されてきませんでした。

　しかし，子どもがタブレットをはじめとした ICT 機器によって「保
育される」のではなく，保育環境の一つとして ICT 機器は存在してい
ます。さらに，子どもの主体的な遊びをより豊かにするために ICT 機
器を活用することができるならば，子どもにとっても保育者にとっても
ICT 機器は有効なものとなる可能性があることも示唆されています。
それでは，子どもたちの直接的な体験を補完し，豊かな活動へと広げる
ICT 機器の活用について考えていきましょう。

2．保育環境の一つとしての ICT

　近年，幼児向け教育アプリが多く配布・販売されていますが，その多
くは家庭用であり，幼児教育・保育現場での子どもたちの活動にタブ
レットをはじめとした ICT 機器を活用することは困難でした。しかし，
タブレットなどのメディアを介して保育者や子ども同士の交流が促進さ
れたり，あるいは子どもが個別にタブレット等を使用する場合でもメ
ディアコンテンツ自体に応答性のあったりする場合等は，幼児にも望ま
しい効果が得られると推測されます（森田ほか，2015）。そのため，現在
子どもの興味・関心に寄り添い，状況に応じて環境を整えながら長期的
に遊びを深めていくといった，遊びや生活を大切にした幼児教育・保育
の基本を損なわない形での ICT 活用が追究されています。

　たとえば，幼児教育・保育現場では絵本の読み聞かせをよく行います。
事例1では保育者が従来型の紙芝居とは異なる展開が可能となるパワー
ポイント（PowerPoint）を活用した電子紙芝居づくりを取り上げます。

【事例1　PowerPoint を活用した電子紙芝居づくり】
　電子紙芝居の特色は，プロジェクターを使用した大型画面と，Power
Point の機能を生かしアニメーションを適宜加えた新たな表現法にありま

▷3　**教職課程コアカリ
キュラム**
教育職員免許法及び同施行
規則に基づき，全国すべて
の大学の教職課程で共通的
に修得すべき資質能力を示
したもので，教職課程全体
の質保証を目指すものであ
る。

す。インターネットからも画像や音声，映像を取り入れることができ，豊かな色彩で，動きや音声のある画面が作成できます。電子紙芝居では一方的に「伝える」のではなく，制作者・保育者の思いが「伝わる」を実践することが重要であるため，演じ手である保育者が園児の反応を確認しつつ画面転換，抑揚，間の取り方などを工夫します。これにより，紙芝居の内容とともに大型画面の映像は，多くの子どもたちが引きつけられるほど色彩効果を十分に果たしてくれます。また，適宜挿入される動画には飽きがきません。このように，保育者自身が制作者になれるため，子どもの発達や興味に合わせて臨機応変に変更ができる作品制作が可能です。

(塚田・増澤，2008)

　　従来の紙芝居のよさは，セリフを通してドラマや出来事を伝えられるだけでなく，みんなが同じように感じ合えることや保育者と子ども，子ども同士で対話できるメディアであることが指摘されています（加藤，2015）。このように従来の紙芝居のよさを残しながら，子どもの反応や発達をもとに，随時作品を修正し進化させることができるよさが加わった，パワーポイントを用いた電子紙芝居の実践にも注目が集まっています。
　　上記の事例は，保育者によるICT活用を取り上げたものですが，以下では，それだけでなく子どもによるICT活用にも焦点を当てた事例をみていきましょう。

【事例2　「拡大してみよう」】
　　描画活動などでの広がりをみることをねらいとして，PC接続可能な顕微鏡1台や，**オーバーヘッドカメラ**（OHC），パソコン，ビデオデッキ，プロジェクターを用意しています。活動時間は全部で1時間程度とし，まず3〜4人のグループに分け，子どもたちには拡大してみたいものを探すように伝えています。
　　まず昆虫を特殊なカメラで拡大し撮影した放送番組を子どもたちに見せました。拡大された映像に，題材が身近な昆虫ということもあり，子どもたちは非常に興味をもっています。そして用意したOHCと顕微鏡を使って，子どもたちが園庭の昆虫や落ち葉を採ってきて拡大してみる活動をしました。実際に拡大された毛虫を見た後に，捕まえた毛虫を顕微鏡で見て，日頃より詳しく観察したり，興味をもったりしています。探してきたものは，OHCや顕微鏡で拡大し細かな部分まで見て，これらを数回繰り返した後で，拡大したときにグループで一番驚きを感じたものを選んで，友だちに伝える発表会を行いました。

(堀田ほか，2002)

　　ここでは，日頃観察している昆虫や植物などを拡大し，細かな部分を見ることで，より興味を深めたり，楽しんだりすることをねらいとして

▷4　**オーバーヘッドカメラ**
平台に置いた書類などを台から立ち上がったアームの先端に取り付けたカメラで上から写す装置のことをいう。

います。様々なICT機器の特性を生かしながら，その際ICT機器と遊びを組み合わせることで，従来の遊びをさらに充実したものにする可能性を見出すことができます。

　次の事例3-1，事例3-2では，ICT活用の可能性を探るために，ある研究チームが開発した「ASCA（Archives Sharing and Creating Anytime for preschool）」というアプリを活用した幼稚園年長組における一年間の実践事例の一部を取り上げます。

▷5　ASCA
幼稚園など限られた環境の中で，写真撮影機能とアルバム機能，録音機能とプレゼンテーション機能が簡単に使える統合アプリである。さらに，保育者が評価に活用できるよう，幼児の写真に撮影者や撮影場所などのタグの付与とタグによる検索・整理を可能としている。

【事例3-1　「今」「ここ」に対応し得るICTの工夫】

　日々の生活の中で様々な動植物に興味をもっていたことから，興味をもっているものや，最近発見したものをタブレットで撮影するよう子どもたちに促しました。子どもたちは友だち同士で撮影し合ったり，動植物を撮影したりしており，後に保育室にタブレットを常備し，必要に応じて子どもが自由に使えるようにしました（写真12-1）。「タブレットに依存してしまったら困る」という保育者の悩みとは反対に，子どもたちは「タブレットを持っていると動物や植物に触れられないから」や「保育室まで取りに行く時間がない」という理由から無理にタブレットを使うことはしません。

　子どもたちの「今」「ここ」に対応できるようにするため，タブレットには首からさげ両手が使えるようにするためのリボンが取りつけられるなど，保育者の工夫が加えられました（写真12-2）。　　　　　（松山，2017）

写真12-1　保育室のタブレット
出典：松山由美子（2017）「タブレット端末は，子供の主体的な遊びを支えるツールとなり得るのか」『発達』第150号，ミネルヴァ書房，62-67頁。

写真12-2　首からさげることができるようにリボンが取りつけられたタブレット
出典：写真12-1と同じ。

　事例3-1から，子どもたちの「今」「ここ」に対応するため，保育者によって工夫が加えられることで，タブレットが子どもの主体的な遊びを支えるツールの一つになることが予想されます。つづく事例3-2では，子どもたちの興味や関心が全体に共有されていきます。

【事例3-2　子どもの興味や関心の共有と新たな発見】

　タブレットで撮影したものを見てもらいたい子どもがいるかもしれないと感じた保育者が，撮影した写真の発表会を行うことにしました。そこでは，同じものを見ていても，子どもによって見る視点，感じることが違うことが明らかになった（写真12-3）だけではなく，この発表会を通して，子どもたちの興味や関心がクラス全体で共有され，自分の興味とつなげて考え，自分の興味から新たな興味や関心に深めていく姿がみられました（写真12-4）。たとえば，ほうねんえびの泳ぐスピードの速さに感動した子どもが撮影し発表したほうねんえびの写真を見て，ほうねんえびの目はどこにあるのかに興味をもった子どもが発言し，クラス全員で，泳ぐ速さやほうねんえびのからだのしくみを考えるきっかけになりました（写真12-4）。

（松山，2017）

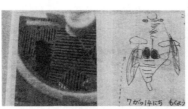

写真12-3　他の子どもが撮影したセ
ミの写真（左）を見て，
自分で調べて描いた子ど
ものセミの絵

出典：写真12-1と同じ。

写真12-4　ほうねんえびについて，
自分が感動したことを発
表

出典：写真12-1と同じ。

　松山由美子（2017）は，子どもの興味や関心を友だちと共有するだけでなく，それぞれの子どもが自分自身の興味や関心，遊びへとつなげるツールとしてのタブレットの活用が定着したといいます。このように，タブレットをメディアとして子ども同士の関わり合いが増え，コミュニケーションが広がっている姿から社会性が育まれているというICT活用のメリットも考えられます。したがって，事例3-1，事例3-2において「子供たちが主体的に遊ぶ『もと』となる興味や関心がタブレットで可視化，焦点化されたことで，仲間と興味・関心を共有する楽しさを経験し，自らの思いを伝え合う力，自らの興味や関心を増幅させ，遊びを自主的に発展させる力が育っていく姿」（松山，2017）は注目すべき点です。

　以上から，保育者がICT機器を活用する事例だけでなく，子どもたち自身がICT機器を活用する事例も蓄積されつつあります。他にも，外国籍の子どもへの支援として，多言語対応のデジタル絵本などの多言語教材や，保育者と外国にルーツをもつ子ども・保護者とのコミュニ

▷6　「多言語絵本の会
（Rainbow）」（https://
www.rainbow-ehon.com/.
2020年11月23日アクセス）
や「デジタル絵本サイト」
（http://www.e-hon.jp/.
2020年11月23日アクセス）
などが挙げられる。

132

ケーションの際に手助けしてくれる翻訳ソフトも開発されている（谷口，2020）など，ICT 機器が有効に活用されています。

　いずれにしても，ICT 機器は子どもたちの直接的な体験を支えるものとして存在していることを念頭に置く必要があります。

3．幼児教育・保育実践における ICT 活用の課題

　以上にみられるように，ICT 機器を活用するにあたり，保育者の意図的・計画的な実践のデザインが重要です。具体的には次のようなことがいえるでしょう。

　まず，ICT 機器を活用して遊ぶことが，他の遊びとかけ離れないようにすることが大切です。「幼稚園教育要領解説」では，「幼児が一見，興味をもっている様子だからといって安易に情報機器を使用することなく，幼児の直接的な体験との関連を教師は常に念頭に置くこと」（108頁）が重要だと述べられています。ICT 機器を導入しただけで，子どもの主体的な遊びは必ず促されるわけではありません。安易な活用によって，ICT 機器に対して嫌悪感をもつ子どもが現れ始め，小学校段階以降のプログラミング教育において，コンピュータ＝勉強という考え方ができてしまうなどの懸念があります。そもそも子どもの主体的な遊びが成立する基盤には，子どもたちが主体的に知りたい，関わりたいという意欲が生まれるような環境の構成や遊びを普段から検討し，実践していることが前提です。したがって ICT 機器を活用する際，子どもの情意や発達段階に即して遊びや生活を中心とした教育を行っていくという幼児教育・保育の特性に留意し，使用する目的や必要性を自覚して活用すべきです。

　また，タブレット端末等は個人で使用することを前提としているものであるため，特定の幼児が一人占めすることになりやすいことにも注意する必要があります。集団での遊びや生活の中で，子どもに新しい発見の機会を提供したり，子どもたちが自然との関わりを含めて，新しい遊びを経験したり，友だちとの関わり，コミュニケーションを経験したりするために使用するなど，保育者の適切な活用が求められます。

　近年タブレットやパソコンなどのメディアは子どもたちにとって身近なものになっているため，これからの幼児教育・保育の実践においても活用しやすくなってきています。また，小学校段階からプログラミング教育が進められていることを考えると，幼児期のうちに ICT 機器に慣れ親しんでおくことは今後の学校生活を考えた上で有効かもしれません。今後子どもが園生活で遭遇する直接体験から得られる学びと，保育者が適切に，また計画的に活用する ICT 機器を通した学びとを組み合わせ

ていく実践が期待されます。また，そのような幼児教育・保育の実践の実現のために，使い手である保育者への研修の質の向上も求められるでしょう。

3 園務を効率的に処理するための ICT 活用

1．園務の効率化

　保育者の仕事には，子どもたちと直接関わること以外に，長期的・短期的な指導計画の作成や，クラス記録（日々の記録），保健関係の記録，個々の子どもに関する記録（日々の記録），保護者へのおたより作成など，大切な業務があります。書類の作成などいわゆる「書きもの」と呼ばれるものは，パソコンなどの ICT 機器を用いて業務を軽減できる可能性があるため，国によって保育業務の ICT 化が推奨されてきました。

　現在いくつかの**園務支援システム**が開発され，具体的には登降園管理機能（たとえば出欠管理・延長料金など諸経費の計算）や家庭連絡機能（たとえば連絡帳・おたより・写真販売），帳票管理機能（たとえば児童票・保育

▷7　保育現場の多忙化により，職員不足が問題となる中，文部科学省の「園務改善のための ICT 化支援事業」(2017年)，厚生労働省の「保育所等における業務効率化推進事業」(2016年)，経済産業省による中小企業生産性革命推進事業として「IT 導入補助金」などが実施され，業務の効率化を目的として補助金が交付されるようになった。

▷8　**園務支援システム**
コンピュータ，タブレットや携帯電話などのモバイル端末とインターネットなどのネットワークを利用し，幼稚園における園務を幅広く支援する情報システムのことである。事務作業時間を削減し，本来業務である教育や保育業務の時間を確保することによって，保育の質を高めることが期待されている。現在，複数の業者により複数の機能がパッケージ化されたシステムが提供されている。園務支援システムとして，CoDMON（コドモン）などが導入されている（https://www.codmon.com. 2020年11月23日アクセス）。

▷9　全国の幼稚園のうち計500園の園長（または主任等）を対象にアンケート調査を行っている。アンケート用紙の返送があった264園において，園務システムの様々な機能をすでに導入している数を明らかにしている（詳しくは森田ほか，2012a を参照）。

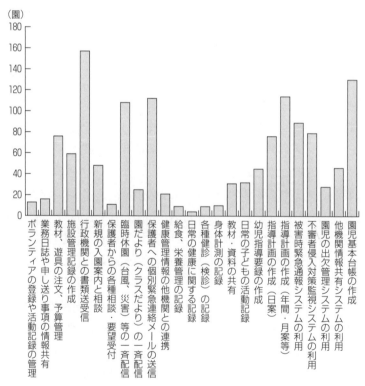

図12-1　園務支援システムの各機能をすでに導入している園の数

出典：森田健宏・堀田博史・上椙英之・川瀬基寛（2012a）「幼稚園の園務情報化の現状と今後の課題」『日本教育工学会論文誌』第36巻，5-8頁の調査結果をもとに筆者作成。

計画・要録）が挙げられます。また，安全管理の面においては，見守り
カメラの設置やネットワークカメラなどが導入されている園もあり，
ICT による業務のサポートが今後さらに進んでいくことが予想されま
す（図12‐1）。

　しかし，現状は幼稚園でのネットワークを含むコンピュータ環境・費
用・技術など，web サイトを管理・維持するための問題があるため，
全国的には地域格差が大きいといえます。さらに，保育者自身が ICT
に対して苦手意識をもっていることや，ICT 導入時に幼稚園や保育所
で作成している書類の書式をシステムに応じて変更・設定する作業を行
わなければならないものの，そのような時間の余裕がないといった現状
（厚生労働省，2020）から，実際に園務の ICT 化が十分に機能している
とはいい難いと考えられます。

　ICT 機器を適切に活用するには，それに関する知識・技能の獲得と
園全体の連携が不可欠であり，各幼稚園・保育所において充実した研修
が求められるでしょう。ICT 機器を導入すれば業務が改善されるとい
うわけではなく，今後保育業務の効率化を行う上で，どのように ICT
を活用すれば保育者や地域・保護者，そして子どもにとって有効なのか
を各園の実態に即して検討していく必要があります。

2．園務の ICT 化の懸念

　近年家庭から幼稚園に対して，子どもの園生活に関する情報提供が求
められるようになったり，あるいは，これから入園しようとする子ども
の保護者が教育方針や教育内容，行事を確認するなど多様な情報ニーズ
があり，幼稚園でもそれに応えようとする動きがみられます。その一つ
の手段として，情報を必要とするときに，誰でも，いつでも利用できる
よう，幼稚園 web サイトの設置がみられるようになってきました（森
田ほか，2012b）。このように ICT 機器に利便性が期待される一方で，以
下で述べるような多くの危険性もはらんでいることに目を向ける必要が
あります。

　幼稚園や保育所においては実にたくさんの個人情報等が存在していま
す。たとえば，園児名簿や保育を実施する上での諸計画，個々の子ども
の記録，写真画像等が挙げられます。子どもに関するものだけでもたく
さんの個人情報を取り扱っていることがわかりますが，これらの情報漏
洩や流出には十分な注意が必要です。

　たとえば，近年デジタルカメラや ICT 機器のカメラ機能の普及によ
り，容易に保育中の子どもたちの姿を撮ることができるようになりまし

た。したがって，webサイト等で子どもが写った写真を掲載する場合は，保護者に子どもの写真掲載の範囲を含めた許可を取るとともに，子どもたちの安全面を考え，不用意に本人が特定できる写真の添付は控えるべきです。あわせて保護者に対しても，SNSなどに自分の子どもや友だちの顔写真を安易に載せないよう伝えていくことも必要となるでしょう（稲葉，2020）。

　各園のwebサイトには，「個人情報保護法」に則って個人情報の保護に関する園の方針が明示されているところもあります。今後，ICT活用範囲の拡大が期待されますが，保育者だけでなく個人情報やセキュリティ管理に対する幼児やその保護者の情報モラルも重要であり，双方向のコミュニケーションと共通理解がますます必要になってくるでしょう。

◯演習問題◯

⑴　ICT機器を活用することで実践をより質の高いものにするためには，どのようにICT機器と関わっていくことが適切か，整理してみましょう。
⑵　幼児教育・保育の実践においてICT機器をどのように活用していきたいのか，具体的な場面を考えてみましょう。

引用・参考文献

稲葉久美子（2020）「保育とICT」大浦賢治・野津直樹編著『実践につながる新しい幼児教育の方法と技術』ミネルヴァ書房，150-169頁。
加藤繁美（2015）「物語の力──子供の成長と物語」子供の文化研究所編『紙芝居──演じ方のコツと基礎理論のテキスト』一声社，149-172頁。
厚生労働省（2020）「令和元年度　保育士の業務の負担軽減に関する調査研究　事業報告書（令和2年3月）」（https://www.mhlw.go.jp/content/000636458.pdf，2020年11月25日アクセス）。
小平さち子（2016）「幼児教育におけるメディアの可能性を考える──2015年度　幼稚園におけるメディア利用と意識に関する調査を中心に」『放送研究と調査』7月号，14-37頁。
社団法人日本小児科医会（2004）「『子供とメディア』の問題に対する提言」「子供とメディア」対策委員会（https://www.jpa-web.org/about/organization_chart/cm_committee.html，2020年11月23日アクセス）。
谷口征子（2020）「外国にルーツをもつ子供たち」大浦賢治・野津直樹編著『実践につながる新しい幼児教育の方法と技術』ミネルヴァ書房，189-197頁。
塚田慶一・増澤文徳（2008）「幼児教育へのパソコンの展開──幼稚園での教材としての電子紙芝居の有効性とその展望」『年会論文集』第24巻，266-267頁。
堀田博史・金城洋子・新田恵子・竹内淑・水上希（2002）「保育活動における

メディア利用の実践と考察」『日本保育学会大会発表論文集』第55巻，
　50-51頁。

松山由美子（2017）「タブレット端末は，子供の主体的な遊びを支えるツール
　となり得るのか（特集 子供をはぐくむ主体的な遊び）」『発達』第150号，
　ミネルヴァ書房，62-67頁。

宮川祐一（2008）「幼稚園教育現場でのパソコン利用と課題——越前市内の幼
　稚園を対象とした実態調査（2008年）と2000年の実態調査の比較から」
　『仁愛大学研究紀要』第7巻，99-111頁。

森田健宏・堀田博史・上椙英之・川瀬基寛（2012a）「幼稚園の園務情報化の現
　状と今後の課題」『日本教育工学会論文誌』第36巻，5-8頁。

森田健宏・堀田博史・松河秀哉・松山由美子・村上涼・吉崎弘一（2012b）
　「幼稚園webサイトの運用状況とコンテンツ分析および今後の活用可能性
　について」『日本教育工学会論文誌』第35巻第4号，423-431頁。

森田健宏・堀田博史・佐藤朝美・松河秀哉・松山由美子・奥林泰一郎・深見俊
　崇・中村恵（2015）「乳幼児のメディア使用に関するアメリカでの最近の
　声明とわが国における今後の課題」『教育メディア研究』第21巻第2号，
　61-77頁。

文部科学省（2017a）「教育のICT化に向けた環境整備5か年計画（2018〜
　2022年度）」（https://www.mext.go.jp/component/a_menu/education/micro_
　detail/__icsFiles/afieldfile/2018/04/12/1402839_1_1.pdf. 2020年11月23日
　アクセス）。

文部科学省（2017b）「教職課程コアカリキュラム」（https://www.mext.go.jp/
　component/b_menu/shingi/toushin/__icsFiles/afieldfile/2017/11/27/
　1398442_1_3.pdf. 2020年11月23日アクセス）。

第13章
情報活用能力と幼児教育・保育

子どもたちの日常生活に情報技術は深く浸透しています。様々な情報手段を効果的に活用したり，情報社会の影の部分を認識して危険を避けたりする力は，今後の社会を生きるために欠かすことのできない能力といえます。本章では「情報活用能力」について解説するとともに，情報社会の進展に主体的に対応できる子どもを育むための指導のあり方について考えていきます。

1 情報活用能力の考え方

1．情報活用能力の必要性

情報通信技術の急激な発展により，私たちの日常は大きく変化しています。インターネットショッピング，動画配信サービス，SNSといったものが当たり前の存在となり，私たちは多くの情報やサービスをインターネット経由で受け取り，ときには自ら発信するようになりました。

また，タブレットやスマートフォンだけでなく，家電をはじめ様々な日用品がオンライン接続されるようになり，知らず知らずのうちに情報技術の恩恵を受ける場面も出てきました（IoT[1]）。ビッグデータ解析や人工知能の発展により，接客ロボットやスマートスピーカーのような新しい機器も登場しています。さらに，遠くない将来にロボットを介した自動化や遠隔制御などが農作業，自動車運転，医療・介護などの分野で実現すると考えられ，日々の生活や働き方，産業や社会の構造が大きく変化することが予想されています（Society 5.0[2]）。日本でのインターネットや携帯電話のサービス開始が1980年代の半ばであったことを思えば[3]，幼児期の子どもたちが社会に出る頃には技術がますます発展し，予想もしなかった変化が起こっていることでしょう。

技術の発展には光の部分がある一方で，影の部分も生み出します。たとえば，インターネットやスマートフォンにより，不正アクセスや「ネットいじめ」などの新たなトラブルが出現しました。また，フェイク・ニュースなど不正確で疑わしい情報が故意に書き込まれ，社会に影響を与える危険性が指摘されています。情報機器の取り扱いに慣れてい

▷1　IoT
Internet of Things の略で「モノのインターネット」とも呼ばれる。様々な機器やセンサーがインターネット経由で相互通信することで，人手を介さずに高度な機能が実現できるようになってきている。
▷2　Society 5.0
第5期科学技術基本計画で提唱された，狩猟社会（Society 1.0），農耕社会（Society 2.0），工業社会（Society 3.0），情報社会（Society 4.0）に続く，未来の社会（サイバー空間（仮想空間）とフィジカル空間（現実空間）を高度に融合させたシステムにより，経済発展と社会的課題の解決を両立する，人間中心の社会）を指す言葉。
▷3　「情報通信白書」（総務省，2019）によれば，日本のインターネットの起源である JUNET の運用開始が1984年，持ち運び可能な電話機（ショルダーホン）の登場が1985年であった。

ない子どもたちや中高年を狙った情報流出事件や高額請求詐欺も発生しており，「有害だから遠ざける」という対応では限界があることがわかります。すなわち，これからの社会を生きる子どもたちには，本章で述べる情報モラルを含めた情報活用能力を育成していくことが不可欠であるといっても過言ではありません。

2．情報活用能力の定義

「情報活用能力」という用語は，幼稚園教育要領や保育所保育指針には書き込まれていませんが，1986年4月の臨時教育審議会第二次答申に起源をもち，理念だけでなく実践も蓄積されてきた言葉です。小学校から高等学校では1989年告示の学習指導要領から取り入れられ，育成が目指されてきました。総合的な学習の時間や中学校技術・家庭科，高等学校情報科でコンピュータを活用した授業を経験した人も少なくないことでしょう。

情報教育の導入当初は，コンピュータを活用した授業は「非日常体験」であり，情報機器に慣れ親しむことを目的にパソコン室にある限られた台数のデスクトップパソコンを譲り合って使うことも珍しくありませんでした。1人1台のタブレットが普及しつつある現在では，普通教室で行われる日常的な授業の中で，教科の指導を効果的なものとするために使用する，いわば文房具のような使い方が出てきています。このような機器や使用法の進化にあわせて，情報活用能力の定義や具体的内容も変わってきました。

2017年告示の小学校学習指導要領では，情報活用能力を「世の中の様々な事象を情報とその結び付きとして捉え，情報及び情報技術を適切かつ効果的に活用して，問題を発見・解決したり自分の考えを形成したりしていくために必要な資質・能力」と定義しています。また，これは言語能力や問題発見・解決能力とならぶ，学習の基盤となる資質・能力として高く位置づけられています。情報活用能力が含む要素は幅広いため，次項で取り扱うように構成要素を整理して示す試みが行われています。[4]

3．情報活用能力の構成要素

1997年10月にとりまとめられた文部科学省「情報化の進展に対応した初等中等教育における情報教育の推進等に関する調査研究協力者会議第1次報告」においては，情報活用能力の基本を構成する3つの観点が示されました。これを「情報活用能力の3観点」と呼ぶことがあります（表13-1）。

▷4　次項に示すもの以外にも，2002年の文部科学省「情報教育の実践と学校の情報化──新『情報教育に関する手引』」にまとめられた11分類がある。

表13-1　情報教育の目標（情報活用能力の3観点）

観　点	内　容
(1)情報活用の実践力	課題や目的に応じて情報手段を適切に活用することを含めて，必要な情報を主体的に収集・判断・表現・処理・創造し，受け手の状況などを踏まえて発信・伝達できる能力
(2)情報の科学的な理解	情報活用の基礎となる情報手段の特性の理解と，情報を適切に扱ったり，自らの情報活用を評価・改善するための基礎的な理論や方法の理解
(3)情報社会に参画する態度	社会生活の中で情報や情報技術が果たしている役割や及ぼしている影響を理解し，情報モラルの必要性や情報に対する責任について考え，望ましい情報社会の創造に参画しようとする態度

出典：文部科学省（1997）「情報化の進展に対応した初等中等教育における情報教育の推進等に関する調査研究協力者会議　第1次報告」をもとに筆者作成。

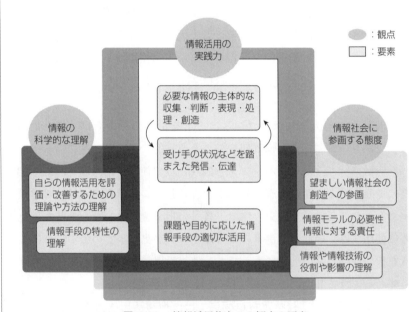

図13-1　情報活用能力の3観点8要素
出典：文部科学省（2015）「情報活用能力調査の結果概要」より引用。

　2006年8月には，初等中等教育における教育の情報化に関する検討会の報告「初等中等教育の情報教育に係る学習活動の具体的展開について」がまとめられ，具体的な指導内容や学習活動を念頭に，情報活用能力を8つに分類しました。これを「情報活用能力の3観点8要素」と呼び，各能力間の関係性を図に示すことも試みられています（図13-1）。

　2017年告示の小学校学習指導要領や，2019年12月の「教育の情報化に関する手引」の中では，情報活用能力を構成する資質・能力について，3つの柱に沿って示されています（表13-2）。これは，指導内容や学習活動からではなく，「何ができるようになるか」という児童・生徒の姿の観点から整理したものです。策定にあたって，先述の「情報活用能力の3観点8要素」との整合性も検討されました。

表13-2　情報活用能力を構成する資質・能力

資質・能力の柱	要　素
知識・技能	情報と情報技術を活用した問題の発見・解決等の方法や，情報化の進展が社会の中で果たす役割や影響，情報に関する法・制度やマナー，個人が果たす役割や責任等について，情報の科学的な理解に裏打ちされた形で理解し，情報と情報技術を適切に活用するために必要な技能を身に付けていること。
思考力・判断力・表現力等	様々な事象を情報とその結びつきの視点から捉え，複数の情報を結びつけて新たな意味を見出す力や，問題の発見・解決等に向けて情報技術を適切かつ効果的に活用する力を身に付けていること。
学びに向かう力・人間性等	情報や情報技術を適切かつ効果的に活用して情報社会に主体的に参画し，その発展に寄与しようとする態度等を身に付けていること。

出典：「小学校学習指導要領解説　総則編」2017：51をもとに筆者作成。

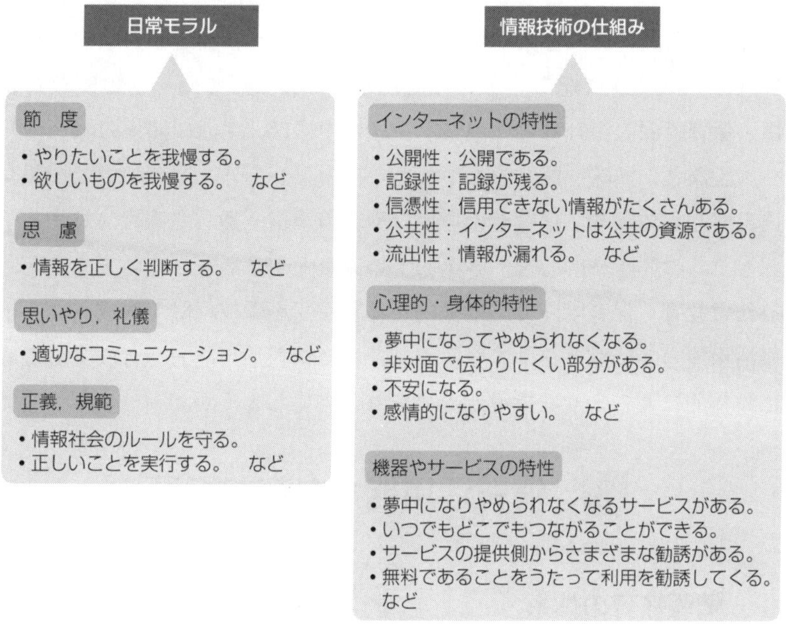

日常モラル

節度
・やりたいことを我慢する。
・欲しいものを我慢する。　など

思慮
・情報を正しく判断する。　など

思いやり，礼儀
・適切なコミュニケーション。　など

正義，規範
・情報社会のルールを守る。
・正しいことを実行する。　など

情報技術の仕組み

インターネットの特性
・公開性：公開である。
・記録性：記録が残る。
・信憑性：信用できない情報がたくさんある。
・公共性：インターネットは公共の資源である。
・流出性：情報が漏れる。　など

心理的・身体的特性
・夢中になってやめられなくなる。
・非対面で伝わりにくい部分がある。
・不安になる。
・感情的になりやすい。　など

機器やサービスの特性
・夢中になりやめられなくなるサービスがある。
・いつでもどこでもつながることができる。
・サービスの提供側からさまざまな勧誘がある。
・無料であることをうたって利用を勧誘してくる。
　など

図13-2　情報モラルの判断に必要な要素

出典：文部科学省（2019）「教育の情報化に関する手引」45頁より引用。

　また，学習指導要領では情報モラルについても明記されており，「情報社会で適正な活動を行うための基になる考え方と態度」（「小学校学習指導要領解説 総則編」）と解説されています。具体的には，他者への影響を考え，人権，知的財産権など自他の権利を尊重し情報社会での行動に責任をもつことや，犯罪被害を含む危険の回避など情報を正しく安全に利用できること，コンピュータなどの情報機器の使用による健康との関わりを理解することなどが含まれます。技術の進展にあわせて日々新たな問題が出現しますが，テキストコミュニケーションによる誤解など，トラブルの本質の部分はあまり変化していません。「教育の情報化に関する手引」では，「情報モラルの大半が日常モラルであることを理解さ

せ，それに情報技術の基本的な特性を理解させることで問題の本質を見抜いて主体的に解決できる力を身に付けさせることが重要」と指摘されています。その上で，情報モラルの判断に必要な要素が示されています（図13‐2）。

4．幼児教育・保育での情報活用能力

「幼児期の終わりまでに育ってほしい姿」の「社会生活との関わり」の中では，幼稚園・保育所内外の「様々な環境に関わる中で，遊びや生活に必要な情報を取り入れ，情報に基づき判断したり，情報を伝え合ったり，活用したりするなど，情報を役立てながら活動するようになるとともに，公共の施設を大切に利用するなどして，社会とのつながりなどを意識するようになる」という記述があります。また，幼稚園教育要領・保育所保育指針等の「環境」領域の中には「生活に関係の深い情報や施設などに興味や関心をもつ」という項目があり，遊びの中で情報交換を楽しむ体験や，保育者の声かけや環境整備を通して情報に対する子どもたちの興味や関心を引き出していくことが求められています。

幼児教育・保育段階での効果的な体験が，小学校以降で育成される情報活用能力の基盤となります。それでは，情報活用能力を育成するために具体的にどのような指導が求められるのでしょうか。

2　情報活用能力を育む指導

1．情報教育の体系

2010年代後半の「情報活用推進校（IE-School）」を中心とした調査研究事業の蓄積の中で，情報活用能力を育成するための指導内容の整理や各教科等との具体的な関連部分の抽出などが行われ，2019年12月の「教育の情報化に関する手引」にて体系表例が示されています（表13‐3）。その中では，小学校低学年から高等学校までの５段階で資質・能力の３つの柱に該当する能力をいつの時期にどう育成していくかの目標が示されています。学習指導要領の記載事項も踏まえ，小学校段階では正しい指使いでの文字入力（タッチタイプ）ができるようになることや，情報活用の見通しを立てて実行することなどが挙げられています。

現在のところ，この体系表例には幼児教育・保育段階は位置づけられていませんが，次項に述べるような子どもたちを取り巻く環境の急激な変化の中で，小学校以降に位置づけられている内容を先取りする形での

指導が求められるようになるかもしれません。

2．子どもたちのまわりにあふれる情報機器

　学研教育総合研究所の「幼児白書 Web 版（2019年8月調査）」によれば，4〜6歳児の過半数が，スマートフォンやゲーム機など家庭内で自由に使える情報端末をもっているという結果が出ています。IoT 時代を迎え，様々な玩具にカメラやセンサー，インターネット接続機能が加わることが予想されます。今後，情報端末をもつ幼児はますます増加し，初めて使う年齢も下がっていくと考えられます。実際に，調査項目は若干異なるものの，総務省情報通信政策研究所が2015年7月に公表した「未就学児等の ICT 利活用に係る保護者の意識に関する調査報告書　概要版」の結果では，情報端末に触れたことのある4〜6歳児は約4割であったことから，子どもたちの間に情報端末の利用が広がる傾向にあることがわかります。この調査において，情報端末を利用する子どもに限って集計すると，0〜3歳児はスマートフォンの利用が多く（68.5%），機能としては写真閲覧や YouTube 等の動画閲覧（それぞれ62.0%，70.1%）が高い割合を示していました。また，知育アプリも一定数の利用があります（39.6%）。4〜6歳児では，スマートフォン（51.5%）の利用率が若干下がる一方で，タブレット（42.5%）やノートパソコン（37.8%）が上がり，複数の機器を扱うようになってきます。使用用途も写真や動画の閲覧，知育アプリに加え，ゲーム（43.2%）が増加します。このような情報端末の利用は子どもの自発的な意思というよりも，保護者側の事情によることが少なくないようです。保護者が家事等で手が離せないとき（58.7%），外出しているときの待ち時間や移動時間（42.9%）等での利用が多いことがそれを裏づけています。また，情報端末に触れさせる理由について，「利用をきっかけに保護者・兄弟姉妹で会話が増えるから（感想を話す，内容を説明する）」と回答している保護者は，0〜3歳児の4.5%，4〜6歳児の8.7%にすぎません。

　この調査では，家庭で情報端末に触れた未就学児のおよそ3割が特別な取り組みをせずとも自発的に操作を修得していることが明らかにされています。しかし，端末を与えるだけで情報活用能力が身につくとは限りません。大人の手を煩わせないことを目的とした，既存のコンテンツの受け身的な消費だけでは，情報の科学的な理解や情報社会に参画する態度の育成は望めないでしょう。幼児教育・保育の場面では，情報機器の活用をきっかけにコミュニケーションを図ったり，新しい知識の創造につなげることを心がけることが必要です。

表11-3　情報活用

大区分	分類1	分類2		ステップ1	ステップ2	ステップ3
A 知識及び技能	1 情報と情報技術を適切に活用するための知識と技能	①情報技術に関する技能	a	コンピュータの起動や終了, 写真撮影などの基本操作	キーボードなどによる文字の正しい入力方法	キーボードなどによる文字の正確な入力
			b	電子ファイルの呼び出しや保存	電子ファイルの検索	電子ファイルのフォルダ管理
			c	画像編集・ペイント系アプリケーションの操作	映像編集アプリケーションの操作	目的に応じたアプリケーションの選択と操作
			d		インターネット上の情報の閲覧・検索	電子的な情報の送受信やAND, ORなどの論理演算子を用いた検索
		②情報と情報技術の特性の理解	a		情報の基本的な特徴	情報の特徴
			b			情報を伝える主なメディアの特徴
			c			
			d	コンピュータの存在	身近な生活におけるコンピュータの活用	社会におけるコンピュータの活用
			e		コンピュータの動作とプログラムの関係	手順とコンピュータの動作の関係
			f			
			g			
		③記号の組合せ方の理解	a	大きな事象の分解と組み合わせの体験	単純な繰り返し・条件分岐, データや変数などを含んだプログラムの作成, 評価, 改善	意図した処理を行うための最適なプログラムの作成, 評価, 改善
			b		手順を図示する方法	図示（フローチャートなど）による単純な手順（アルゴリズム）の表現方法
	2 問題解決・探究における情報活用の方法の理解	①情報収集, 整理, 分析, 表現, 発信の理解	a	身近なところから様々な情報を収集する方法	調査や資料等による基本的な情報の収集の方法	調査や実験・観察等による情報の収集と検証の方法
			b			
			c	共通と相違, 順序などの情報と情報との関係	考えと理由, 全体と中心などの情報と情報との関係	原因と結果など情報と情報との関係
			d		情報の比較や分類の仕方	情報と情報の関係付けの仕方
			e	簡単な絵や図, 表やグラフを用いた情報の整理の方法	観点を決めた表やグラフを用いた情報の整理の方法	目的に応じた表やグラフを用いた情報の整理の方法
			f	情報の大体を捉える方法	情報の特徴, 傾向, 変化を捉える方法	複数の観点から情報の傾向と変化を捉える方法
			g	情報を組み合わせて表現する方法	自他の情報を組み合わせて表現する方法	複数の表現手段を組み合わせて表現する方法
			h	相手に伝わるようなプレゼンテーションの方法	相手や目的を意識したプレゼンテーションの方法	聞き手とのやりとりを含む効果的なプレゼンテーション方法
			i			
		②情報活用の計画や評価・改善のための理論や方法の理解	a	問題解決における情報の大切さ	目的を意識して情報活用の見通しを立てる手順	問題解決のための情報及び情報技術の活用の計画を立てる手順
			b	情報の活用を振り返り, 良さを確かめること	情報の活用を振り返り, 改善点を見いだす手順	情報及び情報技術の活用を振り返り, 効果や改善点を見いだす手順
	3 情報モラル・情報セキュリティなどについての理解	①情報技術の役割・影響の理解	a		情報社会での情報技術の活用	情報社会での情報技術の働き
			b			情報化に伴う産業や国民生活の変化
		②情報モラル・情報セキュリティの理解	a	人の作った物を大切にすることや他者に伝えてはいけない情報があること	自分の情報や他人の情報の大切さ	情報に関する自分や他者の権利
			b			通信ネットワーク上のルールやマナー
			c	コンピュータなどを利用するときの基本的なルール	生活の中で必要となる基本的な情報セキュリティ	情報を守るための方法
			d			
			e		情報の発信や情報をやりとりする場合の責任	発信した情報や情報社会での行動が及ぼす影響
			f			情報メディアの利用による健康への影響

B 思考力, 判断力, 表現力等

1 問題解決・探究における情報を活用する力（プログラミング的思考・情報モラル・情報セキュリティを含む）

分類説明：
事象を情報とその結び付きの視点から捉え, 情報及び情報技術を適切かつ効果的に活用し, 問題を発見・解決し, 自分の考えを形成していく力
①必要な情報を収集, 整理, 分析, 表現する力
②新たな意味や価値を創造する力
③受け手の状況を踏まえて発信する力
④自らの情報活用を評価・改善する力

	ステップ1	ステップ2	ステップ3
	体験や活動から疑問を持ち, 解決の手順を見通したり分解して, どのような手順の組み合わせが必要かを考えて実行する	収集した情報から課題を見つけ, 解決に向けた活動を実現するために情報の活用の見通しを立て, 実行する	問題を焦点化し, ゴールを明確にし, シミュレーションや試作等を行いながら問題解決のための情報活用の計画を立て, 調整しながら実行する
	・身近なところから課題に関する様々な情報を収集し, 簡単な絵や図, 表やグラフなどを用いて, 情報を整理する ・情報の大体を捉え, 分解・整理し, 自分の言葉でまとめる ・相手を意識し, わかりやすく表現する ・問題解決における情報の大切さを意識しながら情報活用を振り返り, 良さに気付くことができる	・調査や資料等から情報を収集し, 情報同士のつながりを見つけたり, 観点を決めた簡易な表やグラフや習得した「考えるための技法」を用いて情報を整理する ・情報を抽象化するなどして全体的な特徴や要点を捉え, 新たな考えや意味を見いだす ・表現方法を相手に合わせて選択し, 相手や目的に応じ, 自他の情報を組み合わせて表現する ・自らの情報の活用を振り返り, 手順の組み合わせをどのように改善していけば良いのかを考える	・目的に応じた情報メディアを選択し, 調査や実験等を組み合わせながら情報収集し, 目的に応じた表やグラフ, 「考えるための技法」を適切に選択し, 情報を整理する ・情報の傾向と変化を捉え, 類似点や規則性を見つけ他との転用や応用を意識しながら問題に対する解決策を考察する ・目的や意図に応じて複数の表現手段を組み合わせて表現し, 聞き手とのやりとりを含めて効果的に表現する ・情報及び情報技術の活用を振り返り, 改善点を論理的に考える
	等	等	等

C 学びに向かう力, 人間性等

分類1	分類2		ステップ1	ステップ2	ステップ3
1 問題解決・探究における情報活用の態度	①多角的に情報を検討しようとする態度	a	事象と関係する情報を見つけようとする	情報同士のつながりを見つけようとする	情報を構造的に理解しようとする
		b	情報を複数の視点から捉えようとする	新たな視点を受け入れて検討しようとする	物事を批判的に考察しようとする
	②試行錯誤し, 計画や改善しようとする態度	a	問題解決における情報の大切さを意識して行動する	目的に応じて情報の活用の見通しを立てようとする	複数の視点を想定して計画しようとする
		b			情報を創造しようとする
		c	情報の活用を振り返り, 良さを見つけようとする	情報の活用を振り返り, 改善点を見いだそうとする	情報及び情報技術の活用を振り返り, 効果や改善点を見いだそうとする
2 情報モラル・情報セキュリティなどについての態度	①責任をもって適切に情報を扱おうとする態度	a	人の作った物を大切にし, 他者に伝えてはいけない情報を守ろうとする	自分の情報や他人の情報の大切さを踏まえ, 尊重しようとする	情報に関する自分や他者の権利があることを踏まえ, 尊重しようとする
		b	コンピュータなどを利用するときの基本的なルールを踏まえ, 行動しようとする	情報の発信や情報をやりとりする場合にもルール・マナーがあることを踏まえ, 行動しようとする	通信ネットワーク上のルールやマナーを踏まえ, 行動しようとする
		c			生活の中で必要となる情報セキュリティについて踏まえ, 行動しようとする
		d			
		e			発信した情報や情報社会での行動が及ぼす影響を踏まえ, 行動しようとする
		f			情報メディアの利用による健康への影響を踏まえ, 行動しようとする
	②情報社会に参画しようとする態度	a	情報や情報技術を適切に使おうとする	情報通信ネットワークを協力して使おうとする	情報通信ネットワークは共有のものであるという意識を持って行動しようとする
		b		情報や情報技術を生活に活かそうとする	情報や情報技術をよりよい生活や社会づくりに活かそうとする

注：※1　メディアの特性とコミュニケーション手段の特徴・データを表現, 蓄積するための表し方等。※2　コンピュータでの情報の内部表現と計算に関する限界・データを蓄積, 管理, 提供する
て情報システムがサービスを提供する仕組みと特徴等。※4　プログラミングによってコンピュータや情報通信ネットワークを活用する方法・社会や自然などにおける事象をモデル化する方法・シ
出典：文部科学省（2019）「教育の情報化に関する手引」26-27頁をもとに筆者作成。

能力の体系表例

ステップ4	ステップ5	想定される学習内容
キーボードなどによる十分な速さで正確な文字の入力	効率を考えた情報の入力	プログラミング 基本的な操作等
電子ファイルの運用（圧縮・パスワードによる暗号化，バックアップ等）	電子ファイルの適切な運用（クラウドの活用や権限の設定等）	
目的に応じた適切なアプリケーションの選択と操作	目的に応じた適切なアプリケーションの選択と操作《ステップ4と同じ》	
クラウドを用いた協働作業	クラウドを用いた協働作業《ステップ4と同じ》	
情報の流通についての特徴	情報の流通についての科学的な理解	
情報を伝えるメディアの種類及び特徴	情報を伝えるメディアの科学的な理解 ※1	
表現，記録，計算の原理・法則	表現，記録，計算の科学的な理解 ※2	
社会におけるコンピュータや情報システムの活用	社会におけるコンピュータや情報システムの科学的な理解	
情報のデジタル化や処理の自動化の仕組み	情報のデジタル化や処理の自動化の科学的な理解	
情報通信ネットワークの構成と，情報を利用するための基本的な仕組み	情報通信ネットワークの構築と科学的な理解 ※3	
情報システム化の基礎的な仕組み	情報システム化の科学的な理解（コンピュータや外部装置の仕組みや特徴等）	
問題発見・解決のための安全・適切なプログラムの制作，動作の確認及びデバッグ等	問題発見・解決のためのプログラムの制作とモデル化 ※4	
アクティビティ図等の統一モデリング言語によるアルゴリズムの表現方法	アクティビティ図等による適切なアルゴリズムの表現方法	問題解決・探究における情報活用
情報通信ネットワークなどからの効果的な情報の検索と検証の方法	情報通信ネットワークから得られた情報の妥当性や信頼性の吟味の仕方	
調査の設計方法	統計的な調査の設計方法	
意見と根拠，具体と抽象など情報と情報との関係	主張と論拠，主張とその前提や反証，個別と一般化などの情報と情報の関係	
比較や分類，関係付けなどの情報の整理の仕方	推論の仕方，情報を重要度や抽象度などによって階層化して整理する方法	
表やグラフを用いた統計的な情報の整理の方法	統計指標，回帰，検定などを用いた統計的な情報の整理・分析の方法	
目的に応じて情報の傾向と変化を捉える方法	目的に応じて統計を用いて客観的に情報の傾向と変化を捉える方法	
情報を統合して表現する方法	情報を階層化して表現する方法	
Webページ，SNS等による発信・交流の方法	Webページ，SNS，ライブ配信等の発信・交流の方法	
安全・適切なプログラムによる表現・発信の方法	安全・適切なプログラムによる表現・発信の方法《ステップ4と同じ》	
条件を踏まえて情報及び情報技術の活用の計画を立てる手順	モデル化やシミュレーションの結果を踏まえて情報を活用する計画を立てる手順	
情報及び情報技術の活用を効率化の視点から評価し改善する手順	情報及び情報技術の活用を多様な視点から評価し改善する手順	
情報システムの種類，目的，役割や特性	情報システムの役割や特性とその影響，情報デザインが人や社会に果たしている役割	情報モラル・情報セキュリティ
情報化による社会への影響と課題	情報技術が人や社会に果たす役割と及ぼす影響	
情報に関する個人の権利とその重要性	情報に関する個人の権利とその重要性《ステップ4と同じ》	
社会は互いにルール・法律を守ることによって成り立っていること	情報に関する法規や制度	
情報セキュリティの確保のための対策・対応	情報セキュリティの確保のための対策・対応の科学的な理解	
仮想的な空間の保護・治安維持のための，サイバーセキュリティの重要性	仮想的な空間の保護・治安維持のための，サイバーセキュリティの科学的な理解	
情報社会における自分の責任や義務	情報社会における自他の責任や義務の理解	
健康の面に配慮した，情報メディアとの関わり方	健康の面に配慮した日常的な情報メディアの利用方法	
問題の解決に向け，条件を踏まえて情報活用の計画を立て最適化し，解決に向けた計画を複数立案し，評価・改善しながら実行する	問題の解決に向け，情報やメディアの特性や情報社会の在り方等の諸条件を踏まえ，解決に向けた情報活用の計画を複数立案し，他者と協働しながら試行錯誤と評価・改善を重ねながら実行する	情報モラル・情報セキュリティ 問題解決・探究における情報活用
調査を設計し，情報メディアの特性を踏まえて，効果的に情報検索・検証し，目的や状況に応じて統計的に整理したり，「考えるための技法」を組み合わせて活用したりして整理する	分析の目的等を踏まえて調査を設計し，効果的に情報検索・検証し，目的や状況に応じて統計的に整理したり，「考えるための技法」を自在に活用したりして整理する	
目的に応じ，情報と情報技術を活用して，情報の傾向と変化を捉え，問題に対する多様な解決策を明らかにする	目的に応じ，情報と情報技術を適切かつ効果的に活用して，モデル化やシミュレーション等を行いながら，情報の傾向と変化を捉え，多様な立場を想定し，問題に対する多様な解決策を明らかにする	
目的や意図に応じて情報を統合して表現し，プレゼンテーション，Webページ，SNSなどメディアによって表現・発信，創造する	メディアとコミュニケーション手段の関係を科学的に捉え，目的や受け手の状況に応じて適切にプレゼンテーション，Webページ，SNSなどプログラミングによって表現・発信，創造する	
情報及び情報技術の活用を効率化の視点から評価し，意図した活動を実現するために手順の組み合わせをどのように改善していけば，より意図した活動に近づくのかを論理的に考える	情報及び情報技術の活用を多様な視点から評価し，意図する活動を実現するために手順の組み合わせをどのように改善していけば，より意図した活動に近づくのかをオンラインコミュニティ等を活用しながら論理的・協働的に考える	
等	等	
事象を情報とその結び付きの視点から捉えようとする	事象を情報とその結び付きの視点から捉えようとする《ステップ4と同じ》	プログラミング 問題解決・探究における情報活用にお
物事を批判的に考察し判断しようとする	物事を批判的に考察し新たな価値を見いだそうとする	
条件を踏まえて情報及び情報技術の活用の計画を立て，試行しようとする	条件を踏まえて情報及び情報技術の活用の計画を立て，試行しようとする《ステップ4と同じ》	
情報及び情報技術を創造しようとする	情報及び情報技術を創造しようとする《ステップ4と同じ》	
情報及び情報技術の活用を効率化の視点から評価し改善しようとする	情報及び情報技術の活用を多様な視点から評価し改善しようとする	
情報に関する個人の権利とその重要性を尊重しようとする	情報に関する個人の権利とその重要性を尊重しようとする《ステップ4と同じ》	情報モラル・情報セキュリティ
社会は互いにルール・法律を守ることによって成り立っていることを踏まえ，行動しようとする	情報に関する法規や制度の意義を踏まえ，適切に行動しようとする	
情報セキュリティの確保のための対策・対応の必要性を踏まえ，行動しようとする	情報セキュリティを確保する意義を踏まえ，適切に行動しようとする	
仮想的な空間の保護・治安維持のための，サイバーセキュリティの重要性を踏まえ，行動しようとする	仮想的な空間の保護・治安維持のためのサイバーセキュリティの意義を踏まえ，適切に行動しようとする	
情報社会における自分の責任や義務を踏まえ，行動しようとする	情報社会における自他の責任や義務を踏まえ，適切に行動しようとする	
情報メディアの利用による健康への影響を踏まえ，適切に行動しようとする	情報メディアの利用による健康への影響を踏まえ，適切に行動しようとする《ステップ4と同じ》	
情報通信ネットワークの公共性を意識して行動しようとする	情報通信ネットワークの公共性を意識し，望ましい情報活用の在り方について提案しようとする	
情報や情報技術をより良い生活や持続可能な社会の構築に活かそうとする	情報や情報技術をより良い生活や持続可能な社会の構築に活かそうとする《ステップ4と同じ》	

方法・データを収集，整理，分析する方法等。※3　情報通信ネットワークの仕組みや構成要素，プロトコルの役割及び情報セキュリティを確保するための方法や技術・情報通信ネットワークを介しミュレーションを通してモデルを評価し改善する方法等。

3．幼児教育・保育段階での情報活用

▷5　本項の引用部分では，「幼稚園教育要領解説」の記述を基本として，「保育所保育指針解説」で異なる部分の表現を初回出現時に限り括弧書きで記載している。

▷6　「幼稚園教育要領解説」2018：58，「保育所保育指針解説」2018：84。

「幼稚園教育要領解説」および「保育所保育指針解説」[5] では，「社会生活との関わり」について「5歳児（卒園を迎える年度）の後半には，好奇心や探究心が一層高まり，関心のあることについて，より詳しく知りたいと思ったり，より本物らしくしたいと考えて遊びの中で工夫したりする中で，身近にあるものから必要な情報を取り入れる姿が見られるようになる」[6] と指摘されています。その上で，「教師（保育士等）は幼児（子ども）の関心に応じて，絵本や図鑑や写真，新聞やインターネットで検索した情報，地域の掲示板から得られた情報などを，遊びに取り入れやすいように見やすく保育室に設定するなどの工夫をし，幼児の情報との出会いをつくっていく。その際，家族から聞いたり自分で見付けたりするなど幼児なりに調べたことを加えたり，遊びの経過やそこで発見したことなどを，幼児が関わりながら掲示する機会をもったりすることも考えられる。ときには教師がモデルとなり，情報を集める方法や集めた情報の活用の仕方，そのことを周囲に伝える方法などがあることに気付かせ，幼児が楽しみながら体験できるようにすることが大切である」[7] と書かれています。

▷7　「幼稚園教育要領解説」2018：58，「保育所保育指針解説」2018：85。

また，「環境」領域の内容においては，「幼児が周りの情報に関心をもつようになるためには，例えば，教師自身が興味深く見た放送の内容，地域の催しや出来事などの様々な情報の中から幼児の生活に関係の深い情報を適切に選択し，折に触れて提示していくなど，幼児の興味や関心を引き出していくことも大切である」[8] とも書かれています。

▷8　「幼稚園教育要領解説」2018：195，「保育所保育指針解説」2018：248。

これらの記述から，情報技術や機器を直接使用する場面に限らず，より広範な情報活用を想定して指導を行うこと，発達段階を踏まえて適切な働きかけを行うことが必要であると読み取れます。

また，情報を活用する力は直接的に教えれば身につく性質のものではなく，幼児自身の気づきの中から徐々に獲得され，日々の遊びや生活の中で繰り返し発揮することによって高まっていくものだと考えられます。このため，伸ばすべき力と保育者の実践は1対1で対応するものとはなりません。実践の場面では，緻密な計画よりも，目標へ向けての臨機応変な対応のほうが求められるでしょう。

3　幼児教育・保育の具体的なあり方と保育者自身に求められる情報活用能力の向上

1．情報活用能力向上へ向けた幼児教育・保育のあり方

　前節までの内容から，情報活用能力を向上させる指導は，必ずしも情報機器を活用した指導と同じではないといえます。タブレットで写真や動画を見せることが効果的な場面もあれば，画用紙に描いた絵を使って余分な情報を省いて提示すべき場面もあります。また，知らない・わからないことを子ども自身が想像したり，考えたりするために，保育者自身の「おはなし」により説明したほうがよい場面も考えられます。目的に応じて様々な方法を検討し，ときにはいくつかの手段を組み合わせて活動を構想することが求められます。情報機器はあくまで選択肢の一つであり，情報機器の活用そのものが目的にならないよう，保育者自身が留意する必要があります。

　他方で，情報機器を全く拒絶するような姿勢では，家庭でそのような機器を自由に使っている子どもたちと信頼関係を構築することさえ難しくなるでしょう。昨今，ブロック遊びの中で子どもたちが電話やパソコンを作ったり，ごっこ遊びに USB メモリーやキャッシュレス決済が登場したりすることは珍しくありません。そのような場面を捉えて，情報技術や情報手段に対する知識があることを肯定的に捉える声かけをしながら，さらなる理解につながる知識や用語を提示したり，子どもたちが知っていることを相互に伝え合うように働きかけることで，幼児の情報活用能力は伸びていくでしょう。

　また，情報モラルに関わっては，思いやりをもったやわらかい言葉を使うといった日常モラルの部分を粘り強く指導することが，小学校以上で育成する情報活用能力の基盤を作ると考えられます。その上で，複数の情報源にあたって真偽を確かめる，発信源と自分の関係に惑わされない（たとえば「親しい友だちが発しているからその情報は正しい」とはいえない）といった情報技術の特性の理解へつながるような内容を日常の関わりの中で取り扱ったり，既存の動画教材等を活用して直接的に伝えることが考えられます。▷9

　情報機器を使用する場面では，機材トラブルや予期せぬ動作が起こることがあります。そのような事態をなるべく減らすよう，活動に応じて十分な準備を心がけておく必要があることはいうまでもありません。と

▷9　たとえば，日本教育情報化振興会「ネット社会の歩き方」（http://www2.japet.or.jp/net-walk/. 2020年11月27日アクセス）等が挙げられる。

表13-4　情報活用能力向上へ向けた幼児教育・保育のあり方

情報との出会いをつくる保育室の設定	・幼児の関心に応じ，遊びに取り入れやすいよう見やすく掲示する ・幼児参加型で掲示を作る取り組みも検討する
保育者がモデルとなった情報活用の提示	・情報機器の活用は，発達段階や活動の目的に応じて検討する ・幼児が楽しみながら体験できるよう工夫する
情報活用能力を意識した関わり	・幼児の情報活用，情報機器活用を肯定的に評価する ・子どもたちが知っていることを相互に伝え合うよう促す ・対面コミュニケーションの基本（日常モラル）を怠らない ・専門的内容は，既存の映像教材等も活用する
保育者自身の情報活用能力の向上	・新たな情報技術・情報機器や子どもたちの使用実態について積極的に情報を収集する ・幼児とともに学ぶ姿勢で臨む

はいえ，ときに生じるトラブルも子どもたちには学びの材料となり，情報機器への理解が深まったり，トラブル解決のための探究や助け合いの場を生み出すきっかけとなります。

2．保育者自身の情報活用能力向上

　急激に進化を遂げる情報機器には，先入観にとらわれない自由な発想や操作ができる子どもたちのほうが先に適応してしまいます。保育者が情報機器やメディアの特性を十分に理解していないと，適切に子どもたちを指導することができない事態が生じてしまいかねません。子どもたちがどのような生活体験を積んでいるか，幼児や保護者との日々の関わりの中からより積極的に把握するとともに，保育者自身も新たな情報技術に対してアンテナを高くしておくことが必要です。そのためには保育者自身が職務以外の場でも積極的に情報機器を使うことが有効です。

　もちろん，情報活用能力を育む指導は，保育者自身が情報機器や情報手段について完璧な水準で理解し，使いこなしておかなければ成り立たないというものではありません。情報モラルに関わる場面では，社会人としての基本的な力が特に問われます。その他の場面でも，子どもたちへの理解や日頃のコミュニケーションを基盤にした指導を大切にしたいものです。保育の場面での情報端末の機能の細かな使用方法などは，子どもたちとともに学んだり，ときには子どもたちから教えてもらうスタンスで臨むのがよいかもしれません。そのような指導のあり方が，子どもが自ら判断して行動できる力につながっていくものと思われます。

　2019年に文部科学省が打ち出した「GIGA スクール構想」では，1人1台のタブレット配備などを通して，小学校から高等学校の教育で「個別最適化された学び」を実現することがうたわれ，情報機器を活用した教育や情報活用能力の育成は新たな段階を迎えようとしています。また，技術革新が進み，読み書きやキーボードができなくても簡単に操作でき

るスマートスピーカーなどの機器が出現しました。今後，幼児が情報機器に触れる機会や頻度はますます増えるでしょう。保育者自身が積極的に新たな情報機器に触れ，様々な情報を活用しながら，実践手法を開発していくことが求められます（表13-4）。

演習問題

(1)　普段，関わりをもっている実践の場において，どのような情報機器が使用可能か調べ，情報活用能力に関わってどのような指導ができるかを考えてみましょう。

(2)　情報活用能力の育成に関わる最新の政策動向を調べ，幼児教育・保育においてどのような指導が求められるか考えてみましょう。

引用・参考文献

稲垣忠（2020）「情報活用能力をどのように育成するのか」『教育展望』第66巻第4号，48-54頁。

榎本竜二（2019）「情報活用能力と情報モラル」『学習情報研究』第272巻，24-25頁。

学研教育総合研究所（2019）「幼児白書 Web 版（2019年8月調査）」（https://www.gakken.co.jp/kyouikusouken/whitepaper/k201908/chapter5/01.html. 2020年11月27日アクセス）。

総務省（2015）「未就学児等の ICT 利活用に係る保護者の意識に関する調査報告書　概要版」（https://www.soumu.go.jp/main_content/000368846.pdf. 2020年11月27日アクセス）。

総務省（2019）「情報通信白書」（https://www.soumu.go.jp/johotsusintokei/whitepaper/ja/r01/html/nd111110.html. 2020年11月27日アクセス）。

文部科学省（1997）「体系的な情報教育の実施に向けて（情報化の進展に対応した初等中等教育における情報教育の推進等に関する調査研究協力者会議第1次報告）」（https://www.mext.go.jp/b_menu/shingi/chousa/shotou/002/toushin/971001.htm. 2020年11月27日アクセス）。

文部科学省（2006）「初等中等教育の情報教育に係る学習活動の具体的展開について」（https://www.mext.go.jp/a_menu/shotou/zyouhou/1296899.htm. 2020年11月27日アクセス）。

文部科学省（2015）「情報活用能力調査の結果概要」（https://www.mext.go.jp/component/a_menu/education/detail/__icsFiles/afieldfile/2015/03/24/1356195_1.pdf. 2020年11月27日アクセス）。

文部科学省（2019）「教育の情報化に関する手引（令和元年12月）」（https://www.mext.go.jp/a_menu/shotou/zyouhou/detail/mext_00724.html. 2020年11月27日アクセス）。

文部科学省（2020）「情報活用能力を育成するためのカリキュラム・マネジメントの在り方と授業デザイン——令和元年度 情報教育推進校（IE-School）の取組より」（https://www.mext.go.jp/content/20201014-mxt_jogai01-100003163_002.pdf. 2020年11月27日アクセス）。

第14章
幼児教育・保育のこれから

本章では，これからの幼児教育・保育が，どのような方向性を目指していくべきかを考えていきます。第１節では，子どもたちに求められる力について考えます。第２節では，日本の幼児教育・保育の特徴を海外との比較を通して考えます。第３節では，これらを踏まえて，これからの時代の「保育の質」を高めていくために何をしたらよいのかについて考察します。

1 子どもたちに求められる力

1．エージェンシー（主体性）

OECD（経済開発協力機構）は，近未来を生きる子どもたちにとって必要なコンピテンシー（資質・能力）と，それを育成するためのカリキュラムや教授法，学習評価などを検討する「OECD Education 2030」プロジェクトの報告書において，参加国が共有すべきビジョンを示しています（表14-1）。

ここには，これからの教育が目指すべき大きな方向性が示されています。キーワードとしては，持続可能性，ウェルビーイング，協働，VUCA（ビューカ）などが挙げられるでしょう。つまり今日の国際的な動向として，VUCA な時代を生きていく力をもち，持続可能性に価値を置き，人々の幸福のために，異なる他者と協働できるような人間の育

▷1　OECD
「経済成長」「開発」「貿易」の３つを目的とする世界最大のシンクタンクとして活動する国際機関である。各国の健全な経済成長や，持続可能な開発のために教育を重要な要素と位置づけており，日本にとってもOECD の重要性が高まっている。
▷2　VUCA
不安定（volatility），不確実（uncertainty），複雑（complexity），曖昧（ambiguity）の頭文字を並べてつくられた表現である。これからの時代を現在から見通すことの難しさが表現されている。

表14-1　Education 2030：共有しているビジョン

私たちには，全ての学習者が，一人の人間として全人的に成長し，その潜在能力を引き出し，個人，コミュニティ，そして地球のウェルビーイングの上に築かれる，私たちの未来の形成に携わっていくことができるように支えていく責務がある。2018年に学校に入学する子供たちには，資源が無限だとか，資源は利用されるために存在するといった考え方を捨てることが求められる。それよりも，全人類の繁栄や持続可能性，ウェルビーイングに価値を置くことが求められるだろう。彼らは，分断よりも協働を，短期的な利益よりも持続可能性を大切にして，責任を負うとともに権限を持つ必要がある。

「VUCA」（不安定，不確実，複雑，曖昧）が急速に進展する世界に直面する中で，教育の在り方次第で，直面している課題を解決することができるのか，それとも解決できずに敗れることとなるのかが変わってくる。新たな科学に関する知識が爆発的に増大し，複雑な社会的課題が拡大していく時代において，カリキュラムも，おそらくは全く新しい方向に進化し続けなければならないだろう。

成が目指されている，ということが上記の報告書から読み取ることができます。このような認識のもとで，OECD が重視しているのが「エージェンシー（agency）」です。これは，学習者の力や態度を示す概念であり，主体性と訳されることもあります。

　溝上慎一（2020）は，OECD による「エージェンシー」という概念について，従来心理学で用いられてきた諸概念と関連づけながら整理しています[3]。それによれば，OECD のエージェンシーは，①進んでいくべき方向性を設定する力，②目標を達成するために求められる行動を特定する力であり，「意図性，自己省察を基礎として，将来の見通し，自己の態度で行為を前に進め，そうして『来る社会』という対象に対する主体の優位性，その意味での主体的な行為を作り出している」（溝上，2020：101）と述べています。溝上は，主体的という言葉の意味について，「前のめり」という表現で説明しています。すなわち主体的であることは，何か対象に対し，「前のめりに取り組む」ような姿勢であり，能力だとしています。日本の幼児教育・保育において，子どもたちの主体性が重視されていることと，国際的な動向は，目指す方向性を共有しているといえます。

2．非認知能力（非認知スキル）

　このような能力は，近年「非認知能力（非認知スキル）」という言葉で注目されている力でもあります。

　非認知能力は，学力試験では測定することのできない，様々な能力の総称であり，「社会的に成功する」ために必要とされる能力です（表14-2）。

　森口佑介（2019）は，非認知能力に関する OECD による 3 つの分類

▷3　溝上は，A. バンデューラによるエージェンシー論に基づき，OECD のエージェンシー概念を説明している。溝上によれば，バンデューラはエージェンシーの特徴として，①意図性，②将来の見通し，③自己の態度，④自己省察の 4 つを挙げている（溝上，2020：99-101）。

表14-2　非認知能力

学術的な呼称	一般的な呼称
自己認識	自分に対する自信がある，やりぬく力がある
意　欲	やる気がある，意欲的である
忍耐力	忍耐強い，粘り強い，根気がある，気概がある
自制心	意志力が強い，精神力が強い，自制心がある
メタ認知ストラテジー	理解度を把握する，自分の状況を把握する
社会的適性	リーダーシップがある，社会性がある
回復力と対処能力	すぐに立ち直る，うまく対応する
創造性	創造性に富む，工夫する
性格的な特性（Big5）	神経質，外交的，好奇心が強い，協調性がある，誠実

出典：中室牧子（2015）『「学力」の経済学』ディスカヴァー・トゥエンティワン。

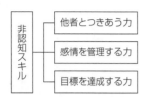

図14-1　非認知能力の分類
出典：森口佑介（2019）『自分を
　　　コントロールする力』講談社。

▷4　ただし，今日では小
学校以上の学校教育でも，
非認知能力に関わる能力の
育成は目指されている。詳
細は第8章を参照。

（図14-1）を紹介しつつ，特に重要なものとして「目標を達成する力」を挙げています。そしてその中に，自分をコントロールする力（実行機能）を位置づけています。

　森口は，実行機能を「目標を達成するために，自分の行いを抑えたり，切り替えたりする能力」であるとし，実行機能は社会生活を送るために欠かせないものであり，実行機能が高い人は仕事がよくできたり，健康な生活を送ることができるとしています。

　そして，幼稚園や保育所自体が実行機能を高める働きを有しており，特に保育者による「子どもの健康や衛生に関するかかわり方」や，うまくコミュニケーションをとることができているどうかという「子どもとのやりとり」に関する質が，子どもの実行機能と関わるとされています（森口，2019：190-191）。これらの非認知能力は，幼少期によく身につくとされるため，幼児教育・保育は非認知能力こそを伸ばすべきだという考え方が主流になっています。

　非認知能力と対比される能力として，認知能力があります。認知能力には，これまでに獲得した知識を思い出し解釈したり，身の回りにある情報をもとにして論理的に推論したりする力といったものが含まれていて，それらの多くは学力試験で測定可能です。そして，この認知能力も子どもたちにとって必要な力であり，小学校以上の学校で行われる授業では，伝統的に認知能力の伸長が目指されてきました。ここで重要なのは，非認知能力と認知能力は，相互作用しながら成長していくという点です。

　保育者は，限られた保育時間の中で，子どもたちのどのような能力をターゲットとし，伸長を目指していくのかを見通しつつ，子どもたちにどのような体験を準備すべきかについて検討することが求められています。

　また，小学校以降の学習を視野に入れ，認知能力の伸長にもつながるような視点が必要です。しかし幼児教育・保育の中で，小学校の先取りをして「学校化」することが求められているわけではありません。学校の授業を想定したり，ドリル学習などの方法をとることは，望ましいとはいえません。あくまで遊びを中心とする生活の中で，対象と主体的に関わることができるような環境構成をするという基本原則を忘れないようにしたいところです。

2　日本の幼児教育・保育の特徴──国際比較から

　国立教育政策研究所（2020）では，2018年の「OECD 国際幼児教育・保育従事者調査」の結果が報告されています。この調査では，参加した約10か国の保育者に対し同一の質問紙調査を行い，国別に回答結果の比較がなされています。他国との比較から，日本の幼児教育・保育の特徴が浮かび上がり，大変興味深いデータが示されています。

　日本と他国を比較分析した結果は，表14-3のようにまとめられています。

　この結果を受けて，報告書では3点の「今後に向けた示唆」がなされていますが[5]，これらの提言を補足しつつ，今日の日本の保育現場が抱える課題を述べます。

①小学校以降の学びへの接続

　ガイドラインでも[6]，小学校に入学する前の段階と小学校以降の段階への接続が課題とされています。小学校との接続は，子どもたちが小学校に適応できることが重要ですが，具体的には一人ひとりの子どもたちの学びを，小学校以降の学びに接続するという視点が必要です。

　報告書に挙げられている通り，日本の保育現場においては，「読み書き，数的スキル，科学的概念」への意識が相対的に弱いことが明らかになっています。この点に関しては，小学校の教師にも幼稚園や保育所のガイドラインについて理解を促す一方，保育者の側も，小学校のガイドラインである学習指導要領について，ある程度理解をしておくことが有効ではないかと考えられます。

　また，第10章で述べた「ガイドプレイ」の考え方を参考に，問題解決などを通して，遊びながら学ぶことのできる活動を取り入れることも有効かもしれません。しかし，その際にも環境を通して行う教育の原則を踏まえ，子どもの主体性を重視した環境構成や保育者の関わりが必要に

▷5　以下のような提言が挙げられている。①引き続き受容的で情緒的な実践を大事にしつつ，リテラシー（読み書き）や数的スキル，科学的概念等の育成を意識すること，②多様性をさらに意識し，実践に生かすこと，③園での活動や運営の意思決定への保護者の関与や，園生活の意思決定への子どもの参加を再検討すること（国立教育政策研究所，2020：87-88）。
▷6　本章においてガイドラインとは，幼稚園教育要領，保育所保育指針，幼保連携型認定こども園教育・保育要領を指す。

表14-3　国際比較調査に基づく日本の幼児教育・保育の特徴

①日本の保育者は情緒的で個に応じた実践を重視している
②リテラシー（読み書き）や数的スキル，科学的概念やICT（情報通信技術）スキルに関わる実践にはあまり重きを置いていない
③グループサイズは大きいが，対象グループ／クラスでの行動的支援や，個に応じた適応的な教育実践は比較的多い
④特別な支援への関心は比較的高い
⑤文化的多様性への関心は低く，それを意識した実践は少ない
⑥保護者が園での活動や運営の意思決定に関わるような機会は少ない

出典：国立教育政策研究所（2020）『幼児教育・保育の国際比較』明石書店，87-88頁。

なることはいうまでもありません。

②格差や多様性への配慮

　日本にも多くの国と同様に，子どもたちが生まれた地域や家庭による格差があることが明らかになってきています。そして，子どもたちが生まれた家庭による格差は，小学校以降の格差につながっていきます。小学校入学後の格差は，学校教育段階を通じて縮まりにくいため，小学校入学時点の「スタートライン」をそろえるという意識が保育者には求められるといえます。これまでの研究によれば，質の高い幼児教育・保育は，恵まれない家庭の子どもと家庭に対するほど影響が大きく，子どもや家庭にとってプラスの方向に作用することがわかっています。

　また，外国人の子どもをはじめとする文化的・言語的背景の異なる子どもたちの存在を前提とした文化的多様性や，性の多様性などへの配慮も必要です。あるいは，障害をもつ子どもたちのニーズの多様性も含め，子ども一人ひとりのニーズが多様化している現状を理解しておく必要もあるといえます。

　格差や多様性への配慮の第一歩は，子どもたちの置かれている社会背景や問題に触れ，正しい知識を得ることです。なぜ格差が生じるのか，海外からどのような背景で来日する人々がいるのか，性の多様性や，障害の様々な種類に関する一般的な知識を基盤として，子どもたち一人ひとりの個性を理解しようとする姿勢が求められます。したがって，保育者の目は社会に対し開かれている必要があります。

③保護者との関係性

　保育者には保護者支援の役割が求められており，育児の過程で保護者が抱える不安などに，専門家として支援することが期待されています。しかし，これからの保護者との関係を考える際には，このような「相談援助」を行うという観点から「一歩前に」踏み出す必要があります。

　報告書では，園生活や活動への意思決定の過程に，保護者の意見を取り入れるという保育実践構築の方法が示されています。これは，保育者と保護者とが対等なパートナーシップに基づき，園の保育内容を作り上げていくというあり方です。

　保護者は幼児教育・保育の専門性をもっていないことの方が一般的だと思います。しかし，こうした実践を目指すのであれば，保護者に対して専門家として「上から語る」のではなく，幼児教育・保育の考え方をていねいに説明し理解を得ながら，保護者の意見にも耳を傾けつつ対話するような姿勢が保育者には必要とされます。

　そのためには，保育者がガイドラインの考え方を的確に理解し，園が

▷7　松岡（2019）などを参照。松岡亮二によれば，小学校以降の学力につながる格差は，小学校入学前にすでに始まっており，小学校以降の学校段階を通じて，その格差の縮小は限定的であることを明らかにしている。

▷8　海外にルーツのある子どもなどという表現が用いられることもある。こうした表現が用いられる背景には「外国人」という呼称は国籍に注目した分類であるため，子どもたちの文化的多様性を捉えるには不十分である，という背景がある。同様の観点から，日本国籍であるが幼少期に海外の保育施設で育った子どものニーズにも，当然配慮する必要がある。

どのような子どもを，どのような方法で育てようとしているのかを明確に発信できる必要があります。そのためにも正しい知識と，子どもの利益を高めるための知恵を蓄積しなければなりません。導入された「キャリアアップ研修」が単に保育者の処遇のための制度ではなく，子どもを育てる専門家として一般的に通用するような専門性を高めていく機会になるように運用していく必要があります。

3 「保育の質」を高めるために

　第1節では，今の時代にどのような人間が求められているかを説明しました。その際，幼児教育・保育では，非認知能力の育成が重要視されていることを述べました。続く第2節では，そのような国際的動向の中で，日本の幼児教育・保育が有する課題について説明しました。最後に，これらを踏まえた上で，これからの保育者に求められていることについて考えていきます。その際，キーワードとなるのが「保育の質」です。

1. 「保育の質」の背景

　これまでの章で学習してきたように，幼児教育・保育における教育方法は遊びが中心になります。そして，この遊びという方法には様々な哲学があることも学習してきましたが，一方で幼児教育・保育についてあまり関心のない人からは遊びというのは単なる息抜き程度のものだと認識されていました。したがって，保育者は子どもとただ遊んでいるだけの気楽な仕事と思われていたときもありました。しかし，2000年にノーベル経済学賞を受賞したヘックマンが，乳幼児期の教育に対する費用対効果の高さを明らかにしたことによって，幼児教育・保育に対する社会的な関心が高まりました。大雑把にいうとヘックマンは，経済的に恵まれない家庭で生まれ幼児教育・保育を経験した子どもと，同じような経済的境遇で幼児教育・保育を経験しなかった子どもが，それぞれ大人になったときの生活の質を比較しました。その結果，かつて幼児教育・保育を経験した人の方が平均所得率が高く，逮捕者率が低い，等々のことが明らかにされました。

　その際，ヘックマンが重要視する幼児教育・保育では，第1節で説明した非認知能力の育成が目指されていることは押さえておかなければならないでしょう。つまり，幼児期に提供すべき教育は，ドリル学習のような小学校の授業のための準備ではないということです。十分に練られた遊びの中で人やモノや社会と関わりながら，子どもたちは世界につい

て知ることの意欲を育み，それが大人になる過程で学習意欲へと発展していき，そして大人になったときの主体性（エージェンシー）へとつながるのでしょう。「三つ子の魂百まで」という格言が日本にはありますが，ヘックマンの研究はある意味でそれを科学的に明らかにしたものといってもよいかもしれません。幼児期は，感受性や社会性を育む上で適切な時期であり，そしてそこで育まれた感受性や社会性が将来に大きな影響をもたらすため，より質のよい幼児教育・保育について関心が高まりました。こうして「保育の質」の議論が国際的に活発に行われるようになりました。

2．「保育の質」と教育方法

　OECD によると保育の質は，「子どもたちの幸福に資するための子どもたちを取り巻く環境と子どもたちの経験の諸特徴」（OECD, 2015：51）と説明されています。さらに，それは「構造の質」と「プロセスの質」の２つに分けられます（図14-2）。構造の質は，子どものよりよい育ちを保障するための物理的条件のことで，施設の広さや立地，安全性，あるいは保育者１人当たりの担当する子どもの数，等が挙げられます。プロセスの質は，保育者と子どもとの関わりに関するもので，園のカリキュラム，保育者の特性，子どもたちの経験，等が挙げられます。

　本書のテーマとなる教育方法は，プロセスの質に関わるものであり，そのため本書では，全体を通してプロセスの質について考えてきました。本書の内容に照らし合わせて，改めてプロセスの質の具体例を挙げてみましょう。第１章と第２章では，今日の幼児教育・保育における教育方法の基礎となる思想や理論について整理しました。第３～６章では，「環境を通して行う教育」と呼ばれる教育方法の特色について整理しました。第７～９章では，今日の学校教育改革の動向を眺めた上で幼稚園のカリキュラムの特色について整理しました。第10～13章では，これまでの説明を踏まえた上で実際の幼児教育・保育をつくるためにはどうしたらよいか，近年の動向も押さえながら整理しました。これらはすべて，保育者が幼児教育・保育の専門家として子どもと関わる際に重要となる知識であり，実際にその専門家として子どもと関わるプロセスの質に影響を与えるものです。

3．「保育の質」と専門性

　ところで，保育者のことを幼児教育・保育の専門家と当

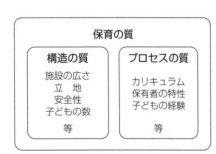

図14-2　「保育の質」のイメージ
出典：筆者作成。

たり前のように述べましたが，実は専門性も保育者の特性としてプロセスの質に関わってきます。それでは，保育者の専門性はどのように考えられているのでしょうか。

　第1節において，私たちが生きている現代はVUCAな時代であると述べました。つまり，急速なグローバル化によって私たちの価値観は多様化し，あるいは科学技術の発展も相まって私たちの社会は複雑化していった結果として，将来に何が起こるか予測不可能な時代になっていることが指摘されています。幼児教育・保育の世界も例外ではなく，今日では誰でも気軽に情報機器を扱うことができるため，たとえばパソコンやスマートフォンを通して誰でも様々な情報に触れることができます。その結果，保護者の価値観は多様化し，子どもたちの遊びも変質し，つまり私たちが子どもであったときにはなかったような状況にあるため，過去の記憶を頼りに何が起こるのかを予測することができません。保育者は，予測不可能な時代を生きていくことができるように子どもたちを援助しなければならないのですが，保育者もまた予測不可能な時代の中で，どのように援助したらよいのかわからなくなってしまうときがあるでしょう。

　せっかく大学で学んだ知識や技術も，少し時間が経てば古い情報となり役に立たなくなってしまうかもしれません。であれば，何をもって保育者は専門家と呼ぶことができるのでしょうか。

　結論から述べるならば，身につけた知識や技術が古くなった際に，最新の状況に合わせてそのつどアップデートし続ける姿勢が，今日では専門家の条件とみなされています。日本では，2012年に，教師（保育者も含む）に求められる資質能力として「学び続ける」ことが提言されて以来，社会の変化に対応するために，教師や保育者自身も変化していくことの重要性が強調されています。このことは，第1節で紹介したエージェンシーの話と非常に近いことに気づいたかもしれませんが，エージェンシーは保育者にとっても重要なものです。つまり，予測不可能な状況において自分が置かれている状況について省察し，将来を見通して，次に採るべき選択肢をつくり出す姿勢が専門家には必要とされています。

　幼稚園には多様な子どもたちが生活しています。さらにいえば，幼児期の子どもはすぐに成長するので，ひと月も経てば一か月前とは見違えるようになっているかもしれません。そういった子どもたちと関わること自体，予測不可能なものに満ちているといえるでしょう。社会の変化と子どもたちの変化に適切に対応するために，日々の保育をそのつど見つめ直すことが保育者の専門性につながり，そして保育の質を高めるこ

▷9　いわゆる「学び続ける教員像」の確立を目指した教師教育改革であり，2012（平成24）年8月に中央教育審議会から「教職生活の全体を通じた教員の資質能力の総合的な向上方策について（答申）」が出されて以来，今日に至るまで基本的には同じ方向で教師教育は行われている（https://www.mext.go.jp/component/b_menu/shingi/toushin/__icsFiles/afieldfile/2012/08/30/1325094_1.pdf.2020年11月23日アクセス）。

とにつながります。しかし，予測不可能だからといって必要以上に身構える必要はありません。たしかに何が起こるかわからないことは不安ですが，しかし予想もしていなかった喜びに出会うことができる可能性もあります。日々の保育を見つめ直す中で，保育中には気づかなかった子どもの育ちに気づいたとき，保育の仕事はやりがいのあるものに思えるでしょう。そうした小さな喜びを積み重ねていく過程も，保育の質を議論する上で大切な視点になると思います。VUCA な時代へ突入した今日だからこそ，予測不可能なものを前向きに捉えることができる姿勢も必要になってくるのではないでしょうか。

（演習問題）

(1) エージェンシーという言葉について，説明してください。
(2) これからの日本の幼児教育・保育の課題についてまとめてください。
(3) VUCA な時代において，保育者に求められる姿勢・態度はどのようなものかまとめてください。

引用・参考文献

国立教育政策研究所（2020）『幼児教育・保育の国際比較──質の高い幼児教育・保育に向けて（OECD 国際幼児教育・保育従事者調査 2018年報告書）』明石書店。

中室牧子（2015）『「学力」の経済学』ディスカヴァー・トゥエンティワン。

松岡亮二（2019）『教育格差──階層・地域・学歴』筑摩書房。

溝上慎一（2020）『学びと成長の講話シリーズ第3巻 社会に生きる個性──自己と他者・拡張的パーソナリティ・エージェンシー』東信堂。

森口佑介（2019）『自分をコントロールする力──非認知スキルの心理学』講談社。

James, J. H. (2013) *Giving Kids a Fair Chance*, The MIT Press（古草秀子訳『幼児教育の経済学』東洋経済新報社）.

OECD (2015) *Starting Strong IV: Monitoring Quality in Early Childhood Education and Care*, OECD.

索　引

(＊は人名)

■あ　行■

アクティブ・ラーニング　79-84, 87
遊び（＝学び）　104, 106
遊びを通しての総合的な指導　105
アフォーダンス　37-41
＊アリエス，F.　3-5
生きる力　70, 71, 80, 81
一斉教授　79, 80
一斉保育　28
意味としての環境　37-39
＊ウェンガー，E.　58
エージェンシー　150, 151, 156, 157
エピソード記述　102
園務支援システム　134
＊オーエン，R.　2
「オオカミに育てられた子ども」　56
＊オーベルラン，J. G.　2
恩物　9, 10, 12, 17, 19-21

■か　行■

海外にルーツのある子ども　154
ガイドプレイ　107
＊貝原益軒　15
学修　80
学習　81
学習資源　60, 66
学習指導要領　70, 71, 75
学制　16
カリキュラム・マネジメント　70, 72, 74, 83, 112-114
環境　26, 44
環境構成　26-28, 33, 42
環境を通して行う教育　23, 36, 42, 104, 112, 114
観察　101
＊ギブソン，J.　38
キャリアアップ研修　155
教育課程　72, 74, 75, 113, 116
「教育の情報化ビジョン」　127
教職課程コアカリキュラム　129
協同　88

協働　88
＊キルパトリック，W.　20
記録　101, 119
＊倉橋惣三　20, 21
構造の質　156
コーナー保育　29
心の理論　46
個人記録　119
子ども期　5, 6
子ども（たち）にとっての庭　9
子ども（たち）のための庭　7, 9
子ども（たち）の庭　6, 8, 9, 11, 52
子どもの文化　51-54
子ども理解に基づいた評価　118
5領域　88, 92, 104

■さ　行■

サリーとアン課題　46
シグニファイア　37, 40, 41
自己中心性　46
資質・能力　24, 72, 73, 76, 77, 81, 113
自然環境　33
指導計画　72, 116, 118
指導計画の評価　120
児童中心主義　20
指導要録　92, 119
社会情動的スキル　107
社会的環境　26, 27, 56, 57, 66, 68
社会的・自然環境　27
自由遊び　21, 107
自由保育　32
主体的・対話的で深い学び　79, 82-84, 87-89
小1プロブレム　72
省察　101, 120
情報活用能力　138
情報教育　142
情報モラル　136, 139
新教育運動　19
神性　7, 11
人的環境　26, 27, 47, 51, 54, 55

スタートカリキュラム　76
正統的周辺参加　58, 59
＊セガン，É. O.　10
＊関信三　17
設定保育　32
全体的な計画　113, 116

■　た　行　■

体験　24
＊田中不二麿　17
タブレット端末　133
短期の指導計画　116
地域の教育力　59, 60
小さな大人　3
中央教育審議会　79
長期の指導計画　116
伝統行事　62, 64, 66, 69
伝統的な行事　67
東京女子師範学校附属幼稚園　16, 18, 19, 21
ドキュメンテーション　102
徒弟制度　58
＊豊田芙雄　18

■　な　行　■

＊中村正直　17
認知能力　152
＊ノーマン，D.　41

■　は　行　■

＊バード，I.　13
＊ピアジェ，J.　45
非認知能力（非認知スキル）　107, 151
物的環境　26, 27, 33, 42, 44
部分保育　118
＊フレーベル，F. W. A.　2, 3, 6-12, 17, 20, 52
フレーベル主義　17, 20
＊フロイス，L.　13
プログラミング教育　127, 133
プロセスの質　156
文化化　57, 58
文化相対主義　58
＊ヘックマン，J. J.　155
保育経過記録　119
保育者の専門性　157
保育における評価　95, 96, 118

保育日誌　119
保育の質　23, 155, 156

■　ま　行　■

＊松野クララ　17
学び続ける教員像　157
見方・考え方　114
見立て遊び　46, 47
3つ山課題　45
ミュラー・リヤー錯視　34
民衆カリキュラム　60
メディア　9, 12, 126, 133
＊モース，E.　13
物事の捉え方　35
モノとしての環境　37
＊モンテッソーリ，M.　10
モンテッソーリ教育法　20

■　や　行　■

遊戯　9
誘導保育　21
幼児学校　2, 6
幼児期の終わりまでに育ってほしい姿　24, 75, 76, 89, 113, 114, 142
幼児教育において育みたい資質・能力の整理　77
幼児（の）理解　91, 101
幼児理解に基づいた評価　91, 92
幼稚園不要論　18
幼稚園保育及設備規程　19-21

■　ら・わ　行　■

領域　43, 74, 75, 142
＊レイヴ，J.　58
レッジョ・エミリアアプローチ　102
＊和田実　21

■　欧　文　■

ASCA　131
GIGA スクール構想　148
ICT　12, 82, 126, 132, 133
IoT　138
OECD　107, 150
PDCA サイクル　112, 114
Society5.0　138
VUCA　150, 157

《執筆者紹介》（執筆順，執筆分担，＊は編者）

＊垂見　直樹（たるみ　なおき）　はじめに，第3章，第10章，第14章
　　編著者紹介参照。

＊池田　竜介（いけだ　りゅうすけ）　はじめに，第5章，第14章
　　編著者紹介参照。

舩原　将太（ふなはら　しょうた）　第1章
　　現　在　精華女子短期大学幼児保育学科講師。

大間　敏行（だいま　としゆき）　第2章
　　現　在　元近畿大学九州短期大学通信教育部保育科講師。
　　主　著　『保育のための教育原理』（共著）ミネルヴァ書房，2019年。
　　　　　　『就学告諭と近代教育の形成――勧奨の論理と学校創設』（共著）東京大学出版会，2016年。

茂見　剛（しげみ　ごう）　第4章
　　現　在　福岡こども短期大学こども教育学科講師。

宮本　聡（みやもと　さとし）　第6章
　　現　在　九州大学大学院人間環境学研究院教育学部門学術研究員。

鶴田　百々（つるだ　もも）　第7章，第8章
　　現　在　中村学園大学教育学部講師。

福田紗耶香（ふくだ　さやか）　第9章
　　現　在　長崎大学多文化社会学部助教。

片桐　真弓（かたぎり　まゆみ）　第11章
　　現　在　尚絅大学短期大学部幼児教育学科准教授。
　　主　著　『豊かな育ちのための保育内容総論』（共著）ミネルヴァ書房，2020年。
　　　　　　『保育・幼児教育5領域の内容と指導法』（共著）学文社，2018年。

山内絵美理（やまうちえみり）　第12章
　　現　在　東海大学九州キャンパス教職資格センター助教。
　　主　著　『教育課程エッセンス――新学習指導要領を読み解くために』（共著）花書院，2019年。

金子　研太（かねこ　けんた）　第13章
　　現　在　九州工業大学教養教育院准教授。
　　主　著　『最新版　教育法規エッセンス――教職を志す人のために』（共著）花書院，2020年。
　　　　　　「大学法人化を契機とした研究組織変容の動態分析――附置研究所・研究施設に焦点をあてて」
　　　　　　九州大学大学院人間環境学府博士論文，2017年。

《編著者紹介》

垂見　直樹（たるみ　なおき）
　　現　在　近畿大学九州短期大学保育科教授。
　　主　著　『豊かな育ちのための保育内容総論』（編著）ミネルヴァ書房，2020年。
　　　　　　『保育のための教育原理』（共著）ミネルヴァ書房，2019年。
　　　　　　「インクルーシブ保育のエスノグラフィー──発達障害児への異別処遇の過
　　　　　　程」『保育学研究』第57巻第2号，2019年，232-242頁。

池田　竜介（いけだ　りゅうすけ）
　　現　在　九州産業大学人間科学部講師。
　　主　著　『教育課程エッセンス──新学習指導要領を読み解くために』（共著）花書
　　　　　　院，2019年。
　　　　　　『教職論エッセンス──成長し続けるキャリアデザインのために』（共著）
　　　　　　花書院，2015年。
　　　　　　「保育者は日常的にいかに子どもを理解するか──保育文化のエスノメソド
　　　　　　ロジー」『保育学研究』第57巻第2号，2019年，211-221頁。

幼児教育・保育のための教育方法論

2021年3月1日　初版第1刷発行　　　　　　　　〈検印省略〉
2023年11月30日　初版第4刷発行

定価はカバーに
表示しています

編著者　垂見　直樹
　　　　池田　竜介
発行者　杉田　啓三
印刷者　中村　勝弘

発行所　株式会社　ミネルヴァ書房
607-8494　京都市山科区日ノ岡堤谷町1
電話代表　(075)581-5191
振替口座　01020-0-8076

ISBN978-4-623-09091-4
Printed in Japan

よくわかる！
保育士エクササイズ

B5判／美装カバー

① 保育の指導計画と実践 演習ブック
門谷真希／山中早苗 編著　北村麻樹／辻柿光子／南 真由美／門谷有希 著
本体2200円＋税

② 子どもの保健 演習ブック
松本峰雄 監修　小林 玄／桜井ますみ／長谷川美貴子／堀田正央 著
本体2200円＋税

③ 子どもの食と栄養 演習ブック［第2版］
松本峰雄 監修　大江敏江／小林久美／土田幸恵／林 薫／廣瀬志保 著
本体2500円＋税

④ 保育の心理学 演習ブック［第2版］
松本峰雄 監修　大野雄子／小池庸生／小林 玄／前川洋子 著
本体2200円＋税

⑤ 乳児保育 演習ブック［第2版］
松本峰雄 監修　池田りな／才郷眞弓／土屋 由／堀 科 著
本体2500円＋税

⑥ 保育の計画と評価 演習ブック
松本峰雄 監修　浅川繭子／新井祥文／小山朝子／才郷眞弓／松田清美 著
本体2200円＋税

⑦ 子どもの保健と安全 演習ブック
松本峰雄 監修　小林 玄／桜井ますみ／長谷川美貴子／堀田正央 著
本体2500円＋税

⑧ 子どもの理解と援助 演習ブック
松本峰雄 監修　伊藤雄一郎／小山朝子／佐藤信雄／澁谷美枝子／増南太志／村松良太 著
本体2500円＋税

⑨ 障害児保育 演習ブック
松本峰雄 監修　増南太志 編著
本体2400円＋税

⑩ 子ども家庭支援の心理学 演習ブック
松本峰雄 監修　池田りな／小林 玄／土屋 由／宮本桃英／渡辺千歳 著
本体2500円＋税

⑪ 子どもの文化 演習ブック
松本峰雄 監修
遠藤 純／大野雄子／岡崎裕美／尾山祥子／才郷眞弓／鈴木範之
髙橋小百合／髙橋 司／田中 幸／福澤惇也／藤田佳子／松本峰雄 著
本体2500円＋税

⑫ 子ども家庭支援論 演習ブック
松本峰雄 監修　大野地平／我謝美左子／小山朝子／遠田康人／野澤純子 著
本体2500円＋税
＝以下続刊＝

☆別巻DVD☆

乳幼児を理解するための保育の観察と記録
学校法人西大和学園　白鳳短期大学 監修
本体25000円＋税

ミネルヴァ書房
https://www.minervashobo.co.jp/